杜杜 著

上帝之棋

新诗集

EVERSPRING PUBLISHING

EVERSPRING PUBLISHING

上帝之棋
CHESS OF GOD
COPYRIGHT 2018 by Dudu (Zhanqing Du)

Published by
EVERSPRING PUBLISHING
OTTAWA, ONTARIO, CANADA
everspring2017@yahoo.com

ISBN-13: 978-1775128830
ISBN-10: 1775128830

70000 Words
Printed in the U.S.A
This edition first printing, April 2018

作者简介：

杜湛青，常用笔名杜杜。毕业于中国山西大学法律系，后出国深造，先后就读于芬兰赫尔辛基大学社会心理学专业、加拿大多伦多美容美体专科学院、加拿大渥太华大学软件程序设计专业。曾从事文职、经商、Spa 管理、健身教练等职业。为当地华文报纸撰写"杜杜笔廊""杜杜之窗"等文艺性专栏十余年。海内外平面纸媒发表文字逾两百万字。作品被收入多种作家文集。小说、散文、诗歌屡次荣获美国汉新文学奖、中国散文年会华语创作文学奖、台湾林语堂文学奖、加华文学奖等文学奖项，多次获得首奖。海外华文女作家协会会员，加拿大华裔作家协会会员，加拿大中国笔会会员。

杜杜珍爱生活，积极乐观，笃信以爱为本。重视家庭。兴趣爱好广泛，擅长体育运动、歌唱、烹饪、毛线编织、服装裁剪、园艺、绘画等。积极参与社区义工活动。凡事脚踏实地。热爱在文字中做一条自由的小鱼，游荡于没有边际的生活海洋，享受风平浪静，亦直面狂风暴雨。相信精神的自由与独立，高于一切。

出版中文书籍：

散文小说集《青草地》
诗集《玻璃墙里的四季歌》
随笔散文集《杜杜在天涯》　　　淘宝、当当等中国网站均有销售
中长篇小说集《不吃土豆的日子》　Amazon 国际网有售
短篇小说集《玫红色的埃玛》　　　Amazon 国际网有售
新诗集《上帝之棋》　　　　　　　Amazon 国际网有售
散文集《大路朝天》　　　　　　　Amazon 国际网有售
英文诗集《When a Poem Speaks》　Amazon 国际网有售
新诗集《一叶书签》　　　　　　　Amazon 国际网有售

Amazon 购书英文搜索词："Dudu Anthology" "Dudu's fiction" "Zhanqing Du" "Days without Potato" "Emma in Rose" "Chess of God" "A Road Heading to Sky" "One Bookmark" 等均可。

杜杜个人微信号：butterflydudu
杜杜微信公众号：杜杜天下
杜杜邮箱：zhanqingdu@yahoo.com

献给涛

我冰凉的双脚

在被窝里被你温暖

一天又一天，一年又一年

诗房

--------自序

　　制定短期文学计划是我生活的常态，多年来，这种常立志的状态推动我孕育生产了很多文字。计划分层次而立，如一座房子分了许多房间，每间房子又有自己的橱柜衣箱，分装不同类型的鞋袜衣帽。这些房间分别是小说、诗歌、散文、阅读、休息，小说房里又盛装着短篇小说和长篇小说的衣橱，诗歌房里安放了古典诗和新诗的箱笼。对每个房间的光顾是喜新厌旧式的，即便宠幸着某间房，对其中某个箱笼衣橱的沉迷也是短期内专注执著的。比如写长篇小说那三年，单独呆在小说房里，两耳不闻他房事，一心只在长篇中。诗歌、散文被集体冷落，其他房间如何尘土堆积，哪里管它。

　　二零一七年我整理归纳小说书稿，终止了大部头小说的创作。作为精神调剂，可以一气呵成、方便利用碎片时间写作的诗歌，成为驻守地。我用它盛装日常琐碎和心路起伏，用它观察世界和生命，也借它思考现在和将来。新诗这只箱笼渐渐满了起来，二百首的一年计划，半年完成。把它们结集成册，就像绣女把绣品一件件悬挂排列，细看那一针一线的精美与瑕疵，或喜或忧，或粗糙或精细，一件件抚摸过去，就把日子重新过了一遍，把思想重新想了一遍。

　　我不是理想化、朦胧化、婉约化的诗人，用诗歌说话时，诗只是一个诚实的舌头。心口如一，成就了一个朴素的自然现象。有读者说："我看得懂你的诗，你的诗是写给人看的，不是写给文学家和诗人的。"我把这样的评价当作中性的鼓励，让人看不懂的诗，我的确不会，写那种喊着叫着天蓝水碧花红雪白的空洞诗篇，我也不会。这在文学殿堂里未必是件好事，好像青菜豆腐够不着燕窝鱼翅的奢华一样。和做人一样，我喜欢在诗歌的天地里实实在在地过生活。自然、淳朴、真实的诗化倾诉为我所爱，有意无意地摈弃做作虚华、无病呻吟的文风。用诗歌反应心灵的走势和生活的丰富多彩，在我的诗歌里可以得到鲜明的体现。感恩自己拥有丰富的情绪，这些诗歌充满个人温度，活跃的思维更如微风一样飘荡在诗页里，试图探索真理的足迹也印刻在诗行中。对环境、对社会、对现实、对生活、对人、对事的爱恨情仇，在单纯朴素的语句中自然流淌。对自由的渴望，对生活的感激，歌一样在诗页中吟唱。

　　整理这本诗集，做了些删减。三百页九万字的诗集，被我减去了三十余页，剩下六万七千字。这种割舍，无奈而难言，遗憾之中可以看到笔者的顾虑和彷徨。个人的身份认定在多年的海外生活中逐渐定型，虽然第二故乡养母一样抚育滋润了我的成年生活，对生母第一故乡的牵挂却毫无疑问地占居了大量心灵空间，并在弱小的头脑里兴起风霜雪雨电闪雷鸣。不是思想家，更不是社会活动家，这些单薄的诗句只是吟唱着一颗热爱正义、和平、自由的心。时常想象自己能够抛弃一切回到中国的某个深山小村里教孩子们认字读书，教他们认识世界，认识自由和理想，认识善恶，认识爱和恨。那是一种更有意义的生活，为着很多别人的未来热情地燃烧自己，无私地放大生命的能量。如果说有一丝私心，就是天高地远、纯朴单调的支教生活令我神往，渴饮山泉、睡卧田头，身边一群朴实的孩子睁着求知的双眼，发散着旺盛的乡土朝气。这种梦是玫瑰色的，装满了对弱者的同情和热爱。梦，却总是会醒，和梦的数量毫无关系。此书删掉的就是这样一种悲悯和近似脱离现实的思想寄托。我单纯地希望故乡的人民幸福安乐，山村不再贫穷，社会更加公平。

《上帝之棋》是组诗《春》中的一首，它白描了初春一个普通社区的普通人从早晨到晚上的生活图景，平常而温暖，真实地发生在眼前，伸手可触。它是对我所处的海外生活环境的写实描绘。我爱这块平和的土地和这种波澜不惊的平静生活，日出而落，日落而息。百姓生活，感觉不到大起大落大悲大喜，远离花天酒地醉生梦死，也很难看到戾气十足的愤世嫉俗。它供养我的家庭，滋润我的喜怒哀乐，托着我的过去、现在和将来。我相信上帝的巨手，有权掌管数以亿计的棋子，他就是用这种无声的力量组合了世世代代平凡人类的平凡生活。这不是宿命，这是信仰。爱吧，爱他并且爱人如己。

新诗天马行空的自由格式，可以让思绪像没有堤坝的河水随着四季更迭任意涨落，干涸与泛滥遵循自然季候，情绪沿着思想之河自然流淌，无论叙事还是抒情，无论写意还是写实。置身这样一条河流，我拒绝站稳脚跟，任自己顺流而下、随波逐流。只要写着，就满足。写作形式只是一种载体，久旱迎来甘雨，用什么盆、什么碗、什么桶来盛装，无关重要。

庆幸自己拥有这座谁也抢不走的巨大房产和房子里那些藏着河流的房间。能够自由自在地进出属于我的这份领地，在这条看不见的河流里做一条自在的小鱼四处游荡，美乐无以言表。宏图远志与我无关，诗房里这尾小鱼，已经简单地成就了鱼的满足和鱼儿简单的梦想。

25 April，2018

目　录

十一月

阳光是从四月借来的
秋阳挂在松鼠的尾巴上
左摇右摆
雕刻的南瓜残留着动物的齿印
不再继续开放的玫瑰花蕊上
停着万圣节的窃笑

美国大选搅乱了人心
风也来凑热闹
卷起成堆的落叶涌向墙角

垃圾日我丢了垃圾桶盖
走了三条街都没有找到
一同丢了的
还有夏天

全球变暖，我站在风的中心
感受四月的风吹在十一月的脸上
我想笑，可没笑出来

15.11.2016

看守

越来越喜欢离群索居
不看朋友圈，不上网聊天，不去餐馆小聚
穿着睡衣，不化妆，也不打电话

当全世界过度喧嚣
当性别、种族的定义日新月异
当 ISIS 向全世界宣战
当莫名其妙的人莫名其妙地当了总统
当信息爆炸到处可见信息的垃圾
当生活被无线电波千缠百绕地捆绑
当是或不是、错与对都变得模糊
别无选择
孤独是我的避难所
有一半的我想回到原始的从前
另一半的我只想看守住自己的真实

做一个看守并不容易
你看春天能看守住鲜花吗？
你看岁月能看守住青春吗？
你看天空能看守住白云吗？
你看大地能看守住富饶吗？
连气候我们都看守不住
连鲨鱼的鳍翅我们都看守不住
连平等的权利我们都看守不住
连和平我们都看守不住

可我还是要选择做个看守
先要看住原野上奔跑的自己
在混乱中看守秩序

在别人的热闹中看守安静
在险恶的世界里
看守一颗温暖的心，如同
在女儿的发梢上
看守那根彩色的头绳

我还要在安静中看守诗行
在跌倒中看守爬起的力量
在失望时看守希望的火苗
在铺天盖地的电子网文中看守铅印的书籍
在冰天雪地里看守盼春的渴望

你知道，我注定会离群索居
因为要看守住一个
看守的使命

习惯在孤独中寻求自我，坚守一种独立于现实社会繁杂喧嚣状态的安静而坚定的态度，这种态度不等同于避世和逃遁，是用一种内心的力量来看守美好和希望。诗行与书籍，即是在笔耕中用文字做这种"看守"的工具。

15.11.2016

诗梦

又在梦里作诗
妙词佳句拒绝走到梦外
有一扇门在阻挡
眼帘张开的一瞬，大门关闭

梦里的诗句踯躅不去
对着门缝轻吟，断断续续
枕边没有纸笔
诗梦渐远渐去，一声叹息

于是在枕边准备了纸笔
不等那扇大门关闭就拽住诗句：
"别走，你是我的……"
可时常，她变换着五彩睡衣
甩甩衣袖就挣脱了我的挽留
顺便牵走我模糊的记忆
白纸仍然洁白，无从下笔

哎！坐在床沿我很想翻身睡去
让诗梦不醒，只要活着
就让诗句陪伴呼吸

16.11.2015

两个早晨

每天，我都有两个早晨
一个在四点，一个在七点
枕边的书香让我拥有第一个苏醒
床头灯把书中的人物点亮
一个小时、也许是两个小时之后
他们和她们的欢喜与疼痛，饱食了似的
又把我重新送入梦乡

书虫，其实是我长久的理想
我想吃书像吃饭一样，日复一日
这第一个早晨，总是伴着昨夜的月亮

音乐把黎明的责任宣告
七点的闹铃终结了回笼觉的浅尝
锅碗瓢盆交响曲马上开始
一首无字之歌在空气中弥漫
家，是一个令人迷恋的花房
女儿，不怕你弄翻了橙汁
老公，让我来收拾你残留的蛋浆
你们是我的花朵
我的双手为你们供给阳光和养料
出门的时候，你们的脸上
盛开着园丁亲手化的妆

我发现，我不是只想做一只食书的小虫
我更愿做一间
四季恒温的暖房

17.11.2016

春芽

敲醒春天,你破土而出
绿叶向上,根须向下
季节的缝隙里
你的新生是婴儿的啼哭
一张嘴,就被妈妈的奶头塞满
春雨哗哗地流进你的躯干
隔了一个夜晚
你的身高就超出了最夸张的想象

嘘,不打扰你,我移开眼睛
把剩余的目光留给你身边
被黄泥盖着的那丛蔫黄
初冬的移栽是否成活?
生命脆弱,生命也会很坚强
告诉你,那经常会丢失的期盼
我只需用目光
在春天的泥土里进行测量

18.11.2016

早晨五点半

当闹铃剥夺了梦的连续
星星还在天上眨眼
小鬼坚持把你往梦中拖拽
天使却在窗外大声歌唱
灶炉的火焰由母亲灼烫的心点燃
锅里烹煮的，是爱
咕嘟咕嘟，即便深冬也飘出春天的草香

天气预报说大风降温
雪毯宜厚，在窗外显摆它的洁白
再白也白不过童年的纯洁和青春的稚气
母亲说：青春是有颜色的！
是的，你看看母亲的眼睛
那是一架幻灯机
投影着从婴儿到青春的图片
她用眼神在上面作画
日复一日

爱除了可以烹煮，它还是一支画笔
分秒不停、不知疲倦
渐渐地，画出了一条泳池中的小鱼
一个舞台上的吉他手
还有 Kumon 中心的小老师
和会说"我爱你"的粉红嘴唇

爱会越用越多，这是真理
不信你看看母亲的笑容
早晨五点半
就藏在打着哈欠的脸上

爱，这个变形金刚
在需要的时候，水一样挤进任何缝隙
在白日当头，也在夜深人静
在春初酷暑，更在秋日严冬
不分时间，不计空间
如果你不相信
请到我家来，约好时间：
早晨五点半

15 Dec, 2016

伪善与善

有人说鳄鱼会流眼泪
还有人说黄鼠狼会给鸡拜年
千百年过去
鳄鱼与黄鼠狼的故事仍旧流传
雨伞下，男人遮的不是雨或阳光
是脸，西装革履之下
皮肉和心脏一同溃烂

玉女窈窕，从面前经过
皓齿明眸似明月高挂
婀娜多姿胜河畔垂柳
他低声吟道："我心伤悲，莫知我哀"
北岛说："卑鄙是卑鄙者的通行证"
伞下的笑容，便是

"善良是善良者的座右铭"
女子的座右铭使她习惯在冬天刮起春风
她笑了，翩翩的风吹
风除了吹动稻田，吹动岸柳
也吹得垃圾四处飘散
吹得一把伞横空飞起，奔跑也不能追赶
西装革履也被大风掀起
露出腐肉，散发着恶心的臭气
熏得她必须逃离，她懵懂
"我心伤悲，莫知我哀"是天大的谎言？

无论如何，她必须继续刮动春风，坚定座右铭
稻田摇着，柳丝飘着，垃圾飞着，
腐肉快要风干了
在她甜美的笑里

丑陋需要浓妆与漂亮衣服来遮掩
腐烂总是埋在阴暗角落，而贪婪貌似应该

罪恶的执行者总是穿着高尚与公义的外套
山泉能洗干净泥石流吗？
海洋能淘洗沉沙吗？
伪装者永远穿着伪装
呻吟的不是悲天悯人，是罪恶、私欲、贪婪
最脏的，竟然口称纯洁

风，来吧！大些、猛些
把所有遮丑的伞
吹飞

　　注：当今世界有很多人道貌岸然，以伪装的仁义道德遮掩心中的肮脏、贪婪与卑劣，"伞"与"西装革履"喻伪装物，诗经摘句"我心伤悲，莫知我哀"喻用以蒙骗正义与纯洁的高雅幌子，"女子"象征真正意义的善、纯洁与正义，"风"象征揭露伪善的力量。

24 Dec, 2016

听说

听说那些豪宅里只住着富翁的钱
或者还有二奶、三奶
或者还有一只看家狗
天黑了，那里没有露出灯光
连狗也吃了哑药

光明使一切裸露，这很危险
舌头使秘密泄露，这很可怕
于是，黑暗与沉默
肩负了看家狗的职责

听说钱和手纸一样可以随意撕扯丢弃
听说许多这样的豪宅坐落在西头
听说许多富翁杳无踪迹
听说二奶、三奶们不过是穿梭在名牌店的影子
听说灵魂丢失了
听说许多黑暗和沉默看守着那些空宅
听说里面藏着罪恶、腐朽和秘密

人们只能遥望，没人可以靠近听说的一切

后来我听说，听说的都是真的
根本没有传说
还没有成为历史的现实
如眼睛一样真实
看到的，却都抓不住

《听说》有感于国外一些地区有大量空荡的豪宅被某些不知名的巨富购买，巨富的财富来源不明。诗歌暗讽这些财富背后不可告人的黑暗。
24 Dec, 2016

自由与权利

开始的时候，我不懂
以为住着相同的房屋、走着共有的街道
平分公车上的座位、热购商店里的打折商品
见面微笑、轻声问好，再各走各路
就是它

后来，我开始和婴儿一同成长
儿童在课室里的笑容释放着慷慨
公平的夸奖落在每一个孩子身上
没有优等生、差等生
每个小朋友都是好样的
做你自己
就是它

一个人的思想可以是天空
无边无际
一个人的行为可以是一条山路
曲折蜿蜒
天空不是房间会有门有窗
山路不是跑道会有规划的白线和终点
不必响应号召，也不必做不必的事
安静的不必加入喧闹
热闹的尽管去挤进没完没了的派对
没有来自政府和社会的压力
就是它

我还看见了公平
在寄到家中的联邦选票上
在同性婚姻的通过法案上
在残疾职工特殊配备的办公桌椅上
在动物保护协会的呼吁书上
在安乐死的倡议书上
在遍布大街小巷的红、蓝、绿竞选的大招牌上

在起身高唱国歌的白、黄、黑各色面孔上
在广播里对市长的公开提问上
在拿国家首脑做笑料的脱口秀上
人人可以参与
就是它

它还藏在许多许多地方
街区的儿童公园、足球场、冰场
密集的公共图书馆和那些可免费借阅的巨大藏书
还有商店门口食品银行收集捐赠的大木箱
闹市区那座无家可归者居住的大红房子
肮脏的衣衫与吸毒者的苦痛
没有剥夺那顿供五百人吃的火鸡大餐
他们吃的是关怀与爱
这些，就是它

它是空气，无处不在
它是水，可以挤进任何缝隙
它是春天，可以孕育花朵
它是希望，展开很多明天
它是你和我的日子
炖煮在青菜豆腐的锅子里
慢慢地入味，材料简单
却沸腾地冒出纯粹的香气

　　此诗直白地描写西方社会里拥有自由、平等和权力的百姓大众的基本生活图景。"青菜豆腐"是最廉价和永远不会失宠的普通食物，这里用它们来喻最朴素和平常的东西往往是最珍贵和持久的，是社会良善和谐的根基，它以最平常的方式带给人最大的幸福感"香气"。

27 Dec, 2016

年

姐妹三个，牵手来访

圣诞的着装艳丽张扬，看那彩灯串起的项链
人流编成的流苏
Jingle bell 在这位大姐轻盈的步履之中叮当作响
团聚的晚宴是最美的裙装
焦黄的火鸡在红酒的倒影中咯咯啼唱
孩童在烟囱边寻找圣诞老人的馈赠
还有奶奶皱纹里盛开的鲜花
燃着亲情火红的炽热
这一切都是圣诞的琉璃珠翠
热闹地镶嵌在大姐舞动的身上

大姐的身影还未消逝，二姐已经紧跟着进门
她披着一整年的故事写满的大大氅
大氅只飘在身后，去年已去
她的脸是用太阳的光芒化出的浓妆
目光流盼，希望的河水在眼眸中流淌
每一个祝福都是婴儿
会在又一个年头里一天天长大
快乐不仅祝福给新的一切
也关上了过去的一扇窗
曾经的白雪亦或春花、泥潭亦或坦途
都是过去的风景
只在照片和记忆里驻留徜徉
人们会在二姐的娇容里期待改变
所有的期冀都好像暖风吹开花蕾、预示开放

当大姐和二姐的博爱洒满世界的每个角落
三姐的狂放悄悄觉醒于东方
十二属相在三姐的荷包里召开集会

小猴的尾巴还没卷曲离去，鸡群的哗噪已经飞跃了太平洋
红灯笼在三姐的前面成串开路
绸做的狮子与纸做的长龙在锣鼓声中狂舞
大襟儿对袄和唐装不仅在舞台上亮相
孩儿的新衣早已有了，别忘了爷爷枕下已经备好的红包
三姐的好嗓子从来不会给你失望
拜年曲唱了千百遍仍旧让人期盼
宴席在每个黄皮肤的家庭里杯满碟溢
热闹融化着三九严寒
春的欢乐在三姐的笑声中飘过了海洋与高山
来到远离东方的西方

三姐妹的接踵而至给时间的图画绘上女子的婀娜柔美
她们除了带来生命力和欢笑，还会变成历史
移民年历悬挂在外国的墙上
年历的封皮上有着大大的镶红楷书：
融汇中西　难忘炎黄

　　这首以三姐妹喻岁尾年初圣诞、新年、春节接踵而至的喜庆状况，
庆祝节日的地点自然是西方，人物是所有生活在异国他乡落地生根的
炎黄子孙。

2 Jan, 2017

左与右

左边，有一尊高耸的雕像
红旗高悬、号角嘹亮
密集的人群在高歌：
山丹丹花开红艳艳……
北京的金山上光芒万丈……
人们仰头张望，期盼雾霾的天空
飘着廉洁清正的云、下着五十年代的雨
雾霾却仍旧又雾又霾
二零一六的十二月二十六日
让人想起一百二十三年前一个婴儿的出世

雕像很高，头顶耸进雾霾
没了头一样
人群密麻如蚁，无数的人头在红旗下张望
"人民节"从概念里升华
有了一个形状

右边，高楼林立、车水马龙
听到股市的喧嚣与机器的轰鸣没有？
拎得动权力的重量与精英的斗志吗？
推开窗子，花园里正百花齐放
五颜六色的花瓣都有着自己随便盛开的自由
花香四溢，每朵花儿都在尽情释放
园子里有个稳定的三角形金属构架
三条钢筋横梁上分别刻着"立法、司法、行政"
孩子们嬉闹在花朵与框架之间
昆虫和幼蝶们在花丛中穿梭往来
传播着另一朵花不知道的消息

即便不是十二月
左边与右边也总是距离遥远又相依为命
如同过去和未来、山谷与山巅

没有过去便不存在未来
没有谷中的潮雾湿霭
就不可能有山巅的清明风光
你瞧，这左正热情地对峙着右
不必挑战

3 Jan，2017

很多个太阳

一篇署名"圆润"的配图科普文章
十几万点击量已经不是暗示
'世界不仅是物质组成的'颠覆了一切
人类成为"无物",科学面前
数字与公式战胜了金钱、地位、恩怨甚至爱情
很多的你还有很多的我在 5%的宇宙里
成为灰尘,灰尘
有必要在乎什么?

"暗物质"构成了 95%的未知
"暗能量"链接着未知中的运行
"量子纠缠"使未知中的两者发生超越光速的共鸣、共振
与契合
我们即便在公式与数字中也一无所知
如同我们对神、对鬼、对内心、对世界的飞速变换、对
山崩地裂与海啸
突然发生的和必然发生的一切
一无所知,我们一无所知
人类创造了一个词叫"愚昧"
我们都是

浩瀚的未知制造了你和我的微茫
认识微茫是一枚放大镜
它放大你的内心、你的谦逊、你的幸福感
放大恩典的力量与宽容的界限
放大你肉体的感觉和精神的宇宙
它的放大功能纠正了你的视力
你看见了不曾发现的爱与温暖
你甚至在沙漠里发现了水

在冬天的雪地里发现了一朵盛开的玫瑰

我的点击增加的只是一个数字
一个数字是一个小小的微茫
在 5%的已知中，它和太阳一样重要
许多的微茫挤在一起便是那个太阳
阳光能把这 5%里的黑暗驱逐
在暗物质、暗能量、量子纠缠的神秘中
我真切地希望庞大的 95%里存在很多个未知的太阳
夸父，也许是你，也许会是我
不是为了射杀，是为了追赶

　　这是在微信上看到一篇物理学家写的科普文章后写的读后感。（文章大意讲人类认知的宇宙不足 5%，在另外 95%的世界里存在着暗物质、暗能量与量子纠缠。暗物质是说过去人类认为宇宙由物质组成，但现在知道并非如此。那些非物质的世界就是"暗物质"，使这些暗物质运行的力量是"暗能量"，而很多光年之外的两个量子会发生一模一样相同的反应，造成这种神秘的相同的力量就是"量子纠缠"，科学家已经发现了几例。对上述一切，人类的认知非常微弱，非常有限，甚至愚昧。所以神、鬼，超自然能力都可能是真实存在的，只是我们人类的愚昧无法认知它们。）这首诗表达心中对未知世界的敬畏和反思后希望在认识自身渺小时放大心胸的欲望。人类如此微茫弱小，还有什么不可以宽容放下？而且这很多的"小"构成了大的"太阳"，太阳喻光明和力量。诗歌最后希望那些未知的世界里也会有"太阳"和勇敢如夸父般的勇士去制造不同的传说。

10 Jan，2017

我知道我离不开你

我知道我离不开你
好像鱼儿离不开水，鸟儿离不开天空
男人离不开女人，婴孩离不开母亲
针儿离不开线
西边的落日离不开远处的海平面

我却经常没有你
时间跟我抢夺你，工作正在摧毁你
除了朋友喜欢把你赶走，连疲倦也欺压你
一日三餐里没有你，早九晚五时不见你
无力保护你，于是我只能失去你
每根汗毛孔都发出无奈的叹息

没有你的日子魂飞天外
脸上笑着，心儿在抽泣
手里忙着这个，神思飘忽所以
你躲在我看不见的地方不停地呼唤：
来，找我，打开你的键盘，让我跟随你！

我很想做你的主人拥有权利霸占你
我还想凭我的意愿安排你
让你在诗歌里长出翅膀，在小说里生出根须
时而为你披盖秋天的红裙
时而让你穿上夏天的花衣
我还要让你闻起来有股咖喱的复杂
却一定可以刺激食欲

为什么你总是这样若即若离
你对我的折磨就像天边的晚霞
美丽只能暂存，夜的吞没经常把你隐去

我于是永远都在渴望你、寻找你

当睡梦初醒，就希望牵住你的手
华灯初上，也必须挽留你
得不到，使得渴求你成为我生活的意义

如果有一天我可以随时和你在一起
也许我会厌倦你
宁可那种厌倦早点儿到来
因为这意味着我曾经拥有你

哎，写作，我的你呀！

11 Jan，2017

坐标

你只比我大十一岁
却好像比我多出五十年的时光
你的魔力使人心颤抖
如果感动、共鸣和赞美是一面旗帜
当我翻开你的文字，你便是风
吹动我的旗帜呼啦啦作响

我的确是个小型的你
你长跑、我也长跑
你打坐，我也打坐
你读书，我也读书
你写作，我也写作
你美丽，我也美丽
你善良，我也善良
你远离故乡，我也一样
你的"大"已经需要在前面加一个"巨"字
我的"小"却只能在前面加一个"渺"字
一个直线坐标上的两头，距离遥远
但箭头笃定地射向同一个远方

很庆幸我们在同一个坐标上
箭尾有了一个追赶的方向
这使生活变成充满希望的游戏
永远跟随着箭头
我将尾随你的远程、你的高度

所以，我感激你
你的文字已经从风变作号角
当我倒在坐标上喘息不前
你的嘹亮会呼唤我
我只需看到你的背影，就像有了拐杖
搀扶我的，是你手中挥动的那只笔

它是那样一根倔强的指挥棒
指挥着你对文字迷恋的乐章
搀扶着我蹒跚的足履

　　严歌苓《波西米亚楼》读后。我从来不承认自己是追星族，如果说有谁值得我去崇拜，严歌苓算一个从始至终令我喜爱的作家。她作品的灵动深邃、她文字的天然魅力、她超常的想象力、她的经历、她的美丽、她的生活状态、她思想的丰厚而迷人。读她的文字，常感到共鸣，也感到自己的虚弱。她的严以律己，酷爱写作的严苛作息，是我所欠缺，值得效仿学习。

15 Jan，2017

驿站

这么快就到达了这个驿站
为了未卜前程
我和坐骑都需要丰富的给养
登记册上我填写了"知天命"几个必须的签字
坐下跑累的马驹微汗淋漓，抚摸着它潮湿的颈项
我问：而立之年你立了吗？不或之时你可曾困或？
而立之年从东方刚刚来到西方
不惑之岁牵着幼女的小手
一切迟了一拍，一拍便是十年、二十年

孔子的断言总结着生命
驿站里有人低头沉思，有人仰头望天
"一切真的被你锁定？"
有人在问天

我擦掉额上的汗滴，备足了纸张和墨水
没有时间耽搁，我痛恨无病呻吟
必须继续赶路
一味向前是我的使命
路是一步步走出来的，我不相信捷径

果实要经历冬的隐忍、春的出芽、夏的兴旺
才等到秋的金黄
即便没有做到而立与不惑
那个签字簿上还是盖上了时间的印章
时间从不等待，它只公平地对待
驿站接待每个过客
没有一个过客能躲过驿站的登记册

我在继续风雨兼程

不去张望九零后的崛起，零零后的超越
顶着日渐增多的细密皱纹和不再拔得尽的银丝白发
我背起未立的理想，把沉静的目光射向远方
怀揣湍流的激情和速度，沉淀泥沙
在字里行间，安静地
快马加鞭

　　回首望去，而立之年方才出国，一切尚未安定，不惑之岁小女年幼，生活还在教我成长。正是那时开始写作，十载笔耕，步履蹒跚，如我的坐骑。见缝插针地写着，小奖励小名气略有一二，却始终未能达到心中目标。虽前路未卜，目标却已明确，不管大器可否晚成，无功利的写下去是笃定的。它将是我前进的食粮。

15 Jan，2017

健身房

穿梭在器械的森林
一只健壮的母兽抓起的不是重量
是擎向天空的树干
踩踏的不是椭圆机，是驶向海洋的船板
摇晃的不是身体，是如藤的理想
它缠绕岁月，又细又长
坚韧，是它的代名词

她用汗水来洗刷疲劳和烦恼
与许多一样的人在一样的地方共享这个秘密
秘密，于是不再是秘密
她喜爱成为秘密的主角
在半百的身体上看到腹肌的条纹
精干的四肢吸引羡慕的目光

不必顾虑在严冬拥有裸露的放肆
这个被各种颜色的皮肤装饰的王国
播放着自由之声：pump up!
体态无论如何扭曲都被许可
蹲、坐、站、爬、跑、跳……你尽管挑战极限
身体在这里拥有了变化的合理性
好像如今的时代
特殊的一切在特定的环境里被合理地容纳
经常上演的角色
很快就变成了真实自己

时而，母兽在森林里栖息，眯缝着警觉的眼
隆起的肌肉藏在深深的草丛里……

　　我是这样地热爱运动，在健身房里出力流汗，给我带来无与伦比的快感。那是一种释放，一种解脱。汗水使我感受真实，变成自己的主人，唤醒自我。拥有自由和强健的身体，人生至乐。
16 Jan，2017

鱼

小时候，我幻想自己是那条美人鱼
在安徒生的童话里存活
可以为梦想变成泡沫
用善良温暖一代又一代的儿童
当书页翻开，我就惊喜地跳出来
让所有读者泪流如雨

少年时我学会了游泳
在真正的水中舒展四肢
静静的水里我重复着前进的动作
思想和四肢一样繁忙
我决定要做这条千古之鱼
为了真情可以牺牲生命
水花是我的摇篮，哗啦哗啦
我知道自己会在这摇篮里长大

成年时，跨越了最大的水体来到西方
不是游来，是飞翔
陌生的土地需要耕作，生活悄悄使童话隐藏
小鱼若隐若现，不再具体
我时常想念水，想念鱼儿，想念童话
好像母亲回忆女儿孩提的面孔
却无法想清楚她当时的模样

中年时，终于重新钻进童话
鱼的幸福感被水的拥抱唤醒
游泳变成了病腰的良医
梦想在水的滋养下重新发出新芽，哗啦哗啦
水，使我健康
思想与四肢同样繁忙

十几载过去，今天变成了昨天

鱼儿长大了，成为泡沫的决心点滴实现
善良和牺牲搅进了日子里
童话与生活如同呼吸与生命

无论世界如何险恶，鱼儿保持纯真
只要可以从水中探出头来
对人类真诚的渴望就可能变成传奇
变出双腿的痛楚不算什么
失去声音也在所不惜
疼痛是生命的蛋白质
肌肉在痛楚过后分泌内啡肽
快乐于是持久
升华的不是泡沫
是天空的拥有
天空是你的，爱留给人间

我还在渴望做那条自由的鱼
以自由的姿态选择生存方式与理想
变成泡沫，制造童话

因为腰病，自 2005 年开始规律游泳，我以一种依恋的姿态迷恋着水。做鱼，是潜意识里的梦想，那种水乳交融的自由与童话里绝美的理想合二为一，失真，但美丽。多年来，以善良为根基做人，想他人多，自己少，时常有自虐倾向，生命似乎因他人而存在。此诗，与其说写鱼、童话和水，不如说在写真实生活中的我、理想与现实。

16 Jan, 2017

一把青丝

它的长度是有点儿太长了
其黑亮也于年龄不符
很多人驻足观看
甚至询问：是真的吗？
还有人出价购买
希望让它飘在别人的头上

变换着形态，它时而是一对大辫子
时而盘踞头顶，时而塞进了泳帽，时而披散如云
蹲下，它像一把柔软的丝帚
起身，它如一件厚实的稠氅
它已经不能在风中松散
否则会与群鸟争天

清晨，我梳它，从童年梳到中年
夜晚，解开捆绑，生活的沉重与它一起卸下
顺滑如丝，它以温柔承载亲情
笔直似笔，它以几万根的合作描绘生命的细密

拥有它，珍爱它，怜惜它
它用重量给我踏实
日日的延长教我守候和耐心
它用逆生长的姿态赠我青春的滋味

虽然这匹黑色的绸缎不堪一声咔嚓
它的柔韧却蕴藏着剪不断的故事
几万根忠诚的陪伴者
看着我哭我笑我苦我甜
形影相伴、不弃不离

我不怕有一天，它失去颜色
将会有一条白色的瀑布
从生活的峰巅飞流直下

它泼洒的是岁月的甘露
生命的珍珠

　　秀发已经过臀，人近半百，仍漆黑发亮。不能拒绝赞美，不能不爱它，不能不以它为傲。我感激它的陪伴，感激它赐予我美丽与青春的感觉。

17 Jan，2017

你叫我怎么样

半夜苏醒，我对着夜的空洞发问
你叫我怎么样？
悲伤如滚烫的岩浆，流进心的裂缝，有很多瞬间
我感觉已经被岩浆融化
夜，无动于衷

这个世界上只有你能伤害我
你拥有的这个"唯一"，如重石
我背负着它走进湖泊，它太沉了
在清凉的水里，我无法浮起，只有沉溺
呼喊挣扎
没有人烟的树林，无动于衷

你叫我怎么样？
我以忠诚和勤勉侍候你
抱怨却如风中的树叶，成百上千地合唱哀歌
我想如同树林和夜一样无动于衷
却不能

生命来源于你，无论岩浆还是重石
我必须承担，别无选择
重新入睡吧，孩子
哪怕流着那行干不了的眼泪

　　她总是不满意，永远没有认可。叫我怎么办？我只能无望地
伤着一颗伤透了的心……

18 Jan，2017

49

怀疑

我们曾经是一园香草
后来被命运买走
在不同的园子里各自成长
气候不同、土壤不同、园丁不同
施肥与灌溉的方式不同
于是，我们开出不一样的花朵
延伸不一样的根须
孕育不一样的后裔

有时风儿很有力量
在没有高山阻挡的海面掠过
把一团香草的纤维吹离母体
远方相遇，我还记得你，你还记得我吗？
那一丝微弱的初出茅庐的气息
是最单薄的维系
你已经不是当时的你
我也不再是当时的我
我怀疑这样的重聚

如果"怀旧"是一只笔
我要用它画个什么？
一杯浓酽的茶，还是一团模糊的红云
一盏摇曳的青烛，还是一滴不懂的泪滴

也许没必要拥有这只笔
今天本来就无法重复昨日
园边的路重修了多次，物是人非
香草不香，百草园正在老去

这团飞越海洋的微弱气息
也许该顺风远去
我望着曾经的青葱岁月
无端地怀疑

往事如烟。生活在不同的政治体制、人文环境，重聚也许会引发苦痛，因为"不同"。与其苦痛，不如心存曾经的美丽，减少触碰。

18 Jan, 2017

女郎

微信的热闹，人群的热闹，无线电波的热闹
世界纠缠、生活繁忙、大脑混乱
挤在夹缝里，我不敢抬头张望
即便在凌晨三点醒来
闻到了床边"孤独"这位女郎身上那熏衣草的味道
我仍然不肯抬头张望
你来了，我就拥有踏实，所以
我敢在半夜写诗

我是你的朋友，像久远的同窗，比如梁山伯与祝英台
我是你的恋人，似莎翁的故事，比如罗密欧与朱丽叶
我是你的骨头、你的肉、你的心脏、你的肝、你的血
我干脆就是了你

我在你里面拥有肉体和思想的自由
这是世界上最巨大的黄金，无论股市如何涨停跌落
无论人们怎样买了一个房子又一个房子
无论那谁谁换了一个情人又一个情人
无论某某某得了一个学位又一个学位
我只要你，女郎
黄金永远是赤黄足金，它的体积和质地
无懈可击

你在我里面拥有权柄
你发给我时间、安静的心、键盘、情感和想象力
不擅用你的赠予，我便无颜于世
我拥抱和世界的距离
因为拥有你

我仍旧不愿抬头张望，只想
闻着你熏衣草的味道在深夜独唱
即便在夜晚，你的身体也披挂着抖动的阳光
我在你里面沐浴

浑身湿透

女郎，我如此地爱你
低到了尘埃里
在你的香味儿与光影里
我清楚地看见自己
还有许多其他

女郎即"孤独"，于我，它是友人、爱人、财富，她使我拥有很多。

18 Jan，2017

挽救

不爱读纸书，我惊奇地看着你俩
与屏幕作伴
你们的视觉锁进那块小小的电匣
是玩？是聊？是观赏？还是阅读？
当清风乱翻书的时候
风并不懂书里的故事
我知道自己是风，你们是书

责怪自己，注定是躲不开的宿命
除了把善良遗传下去
我似乎不值一提

当我明白什么样的春泥孕育什么样的春花
春天已经远远逝去
每个生命有其独特的归宿
上帝用圣经讲话，这是不争的真理

想挽救的，总是与心愿相悖的现实
虽然与心愿相悖却认可顺其自然
是不去挽救的睿智
前者的努力与后者的随意
到底哪个应该归你？

书也许只是一种物体，爱或不爱
和衣服、食物、汽车、动物、苹果手机一样
只是一种选择
它的精神容量，只有献身其中
才能测量
选择精神，还是接近物质
我已失去权力
你们得在时间里找到通往出口的道路
很多道路通向很多出口

没有唯一

面对子女的现实
是一个母亲必须的放弃
放弃挽救

两个女儿都不很爱读纸书，我深感遗憾，时常自责对她们的熏陶不足。人近半百，懂得认可的珍贵，以坦然的姿态。路在她们自己脚下，不在我的脚下，出口是她们的，不是我的。

18 Jan，2017

万能创可贴

分手了。你说。
惊讶于你的冷静
有股水流正从我身体泄漏
渐渐地空了，好像气球在撒气

无语的我望着无语的你

很想抱抱你，但没有伸出臂膀
给你长大的机会，我必须管住手臂
有了你自己的判断和决定
我感激时间这位阿姨
她的搀扶比我的臂膀更加有力

听见淋浴里放肆的水声
不用看我也知道你蜷曲的姿态
头埋在膝间，水流沿着长发滴落在脚面
哗哗，水不是浇在你的身上
它正用柔软抚摸着你的心

你知道如何安抚自己
没有什么更能让我心满意足
你有一个万能创可贴
除了止血、止痛、止烦忧、止压力
还能止了妈妈的牵挂

听着水流潺潺
隔墙，我静静地等着你

小女贝贝的淋浴水疗，可以安抚减低压力，年头已久。感谢上帝，这孩子拥有这枚珍贵的万能药，我心慰亦。

18 Jan，2017

寿司宴

又一次以食欲引导友情
碟盘叮当时语言只是伴奏
亦或你言我语时交杯换盏只是顺便？
二人宴席
三文鱼、芒果色拉、炒米饭与乌冬面都加入了谈话
有关时间、过敏、宠物、运动、诗、戏剧与微信圈
一同进入消化系统
消化不良也无所谓

渴望拥有诗和远方，钟爱独处
在美食面前患有软骨病
马斯洛金字塔的最高点与最低点在餐桌上同时摆上
安静的眼睛可以对碰
不需要华词丽藻
轻蠕的唇边可以藏一抹微笑
不需要断弦的琴与呜咽的萧
二人的寿司宴就够了
这是真的

与 WJN 在 Hocky Sushi 吃中饭，吃的舒心，聊的惬意。

18 Jan，2017

面对雪原上的一颗小树

坐在车里等你
面前的小树是我的伴侣
它的干枯有着一种骄傲的气质
如我坚定的孤寂

是什么使它没有伙伴
树难道不是成片地生长吗？
雪原那头黑黢黢的树林都在抢答：
与众不同注定了它的远离

大地穿着洁白的睡衣，即便现在是下午四点
车水马龙也与它无关
雪原的安静梦一样虚拟
小树的镇静与雪原结合为一对同谋
商讨冬季与北风、安静与独立

惊奇于暴风雪没有摧折你弱小的枝干
原来纤细的骨骼里可以注入钢筋
你在成就一首诗歌
我得说，你只要静静地立着
就完成了你的使命
不费吹灰之力，你找到了一位
不约自来的知音

　　周三下午送女儿学吉他，总是开到这片球场前等待。冬雪覆盖，球场演变成雪原。这孤零零的一颗小树，与我何其相似。

19 Jan，2017

由"邀请"想到的

你又一次邀请，我又一次考虑拒绝
文字能算成就吗
无字的诗歌与无字的境界只存在于神话里
现实不是神话，我不是主人公

窗外的白在高高堆砌
平坦无痕的白原上延伸着一串兽的足印
我与它很近

世界无法预测，大雪面前，人类无力
无论如何被堆积、被清扫、被弄脏、被整理
天空只管一股劲儿地泼撒、覆盖
盼春的晴朗来将它融化
被土壤吸收，被蒸发到天空去
别忘记河流和海洋的容纳，是的
轮回往来、永无止息
许多文字如积雪，写过便仿佛不曾存在
虽然大地曾被覆盖了整个冬季

关于雪的故事，你得去问
春泥中的嫩芽，他们最懂得雪语
灵魂的春芽时时吐嫩，泄露着思想，演变着文字
春天来了，雪，不留痕迹
文字，或者变成自己的历史
或者进到别人的心里

如何去接受邀请？
讲雪的来去无踪、厚雪的沉重与覆盖、春芽的碎语？
还是讲文字的耕耘
在冬季之后必定迎来春雨，却了无痕迹？

有人邀请做嘉宾，分享写作的心路历程。犹豫。虽然一直在写，近八年却无完整著作出版，孕育状态，有何资格可讲心路历程？厚积薄发的"发"在哪里？厚积如雪，大多在春暖十分不留痕迹。春芽"发"时再谈不迟。

19 Jan，2017

说 No

无数的 Yes，无数次地放弃自己
像树叶被风吹落，打着旋儿
跟着风随意飘动
树叶没有了决定的主动权
它失去自己，去参与风的快感

难道善良，不是这风中的落叶？
难道温和，不是这风中的落叶？
难道宽容，不是这风中的落叶？
难道牺牲，不是这风中的落叶？
树叶在哭泣，你听到了吗？

学习做一颗千年老树吧
即便狂风骤雨奋力鞭打
也傲然独立
它的根扎进深深的土地
风够不着，雨淋不透
几杆瘦弱枝条的断裂，暂时的痛
只是临时的残臂
春暖花开，又是满树的碧绿

说 No
是千年的开始
千年，始于数字一
一啊，就是那个自己
别再一遍又一遍地丢了它
说 No
让根往下面深深地寻觅
忽视风，忘记雨

无论树叶如何随处乱飞
一季又一季，一地又一地

树，笃定安静地目睹着一切
千年一瞬
拥有粗壮和折不断的身躯
不再是传说

　　常常感觉自己被琐碎事物牵着鼻子走，天性温良，虑他人胜过自己，牺牲成为常态。知天命时，不容耽搁，必须找回笃定的自己，坚守如一，不做树叶，做棵老树。

21 Jan，2017

幻灯机

那一片干燥的土地，烧土暗红的色彩
点缀着农人破旧的衣衫
吆喝声在街角从天亮开始
与嘹亮的公鸡一比高低
马车拖泥带水地走着
坑洼的街道陈旧如老电影

女孩儿背着书包坐在马车沿上
两条细腿晃荡出悠扬的摇篮曲
经过那个残破的炮楼时
她伸直了长颈
两条小辫儿英雄一样站立

就是这样上学
咯吱咯吱，拉车的马儿从来不会着急
赶车的人，永远无语

平房里的梧桐树下有个菜窖
一只失踪的乌龟春天才被男孩发现
菜窖里，只剩下一团肉泥
没哭，他们都还不懂得怜悯

女孩儿和男孩儿在小院儿里游戏
没完没了，毫不倦怠
马蜂窝高傲地建造在煤棚的屋顶
医用手套灌满了水，成就了最好的武器
还有大号竹竿，男孩细长的手臂
咯吱小妹不留情意
母亲总是在生火，似乎煤糕太湿
总是掺了太多的红泥
父亲醉了
永远不醒的是他隐藏的孤寂

太平洋的浩瀚也无法洗刷记忆
昨夜，以及很多个昨夜
这幅市井图画反复出现
幻灯片是时间画出的玻璃片
属于你的，是那架永远不会坏掉的幻灯机

　　每当这幅少年时代的图画浮现眼前，我就会泪盈满眶，一个
人沉浸在曾经的岁月……

21 Jan，2017

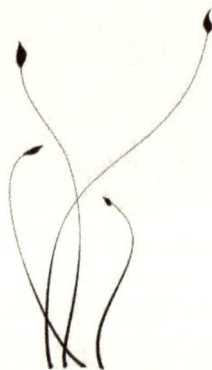

不曾遗忘

好像近在咫尺，又好像远在天边
火焰在壁炉里摇摇曳曳
扎着腰带的紫红窗帘把风景揽进怀里
雪季，有个干燥的鸟巢坐落在树尖
如一盏黑色的灯燃在天上
它不是去照亮天空
是在用阴影提醒光明

想起了曾经的一颗梧桐树
还有火车道旁蜿蜒的蚂蚁窝
争吵声冲破了窗户，惊飞一群麻雀
哥哥和妹妹离家出走
去追逐麻雀
远离，是他们自救的战略
在田野和山丘，心灵脱离惧怕和无奈
自由，风一样吹乱了少男少女的头发
那片坟地长着绚烂的野花

不曾遗忘
疼痛的知觉使肉体真实
几十年过后，童年的幸福与苦涩
都变成了糖浆
滋养未来

21 Jan，2017

悲伤

是用迟钝的刀刃来回拉锯
皮肤渐渐渗出赤红血珠
疼痛缓慢如胶质粘液，缓缓向全身流淌
暗红的河流里响着魂魄的嘶哑呼叫
沉浮的波涛里拥挤着黑色坚冰
那是最寒冷的伤悲
千年不曾化过的坚冰
顺流而下

两页纸就这样摆在了我的面前
心在瞬间被响雷击碎
我以风的速度签字
不管天空是否答应
我只想如云一样在狂风中逃遁散去
把生命还给你吧
还清一份永远不会收支平衡的账单

这个清晨是我永久的黑夜
凝固的黑血关闭在心灵的地下三千丈深处
每当你貌似无辜的脸上射出目光
血痂就会被深深掀起
有条件的爱，缠绕成皮鞭无声抽打
三千丈的疼痛如此漫长
将延续整个未来的生命

这一刻，我宁可是一颗未出世的卵
曾经随着你的月经消失无踪

23 Jan，2017

酒精做的胭脂

你的脸上泛着朝霞的红晕
酒精做的胭脂不辱使命
变得红润柔和的除了皮肤
还有你的头脑
你的笑如同抖动的波浪，眼神如水
凌厉的言语被削去了硬棱
愤恨的肌肉被胭脂揉搓成一团粉泥
甚至爱也像春芽吐绿
从一脸慈祥里放出光彩
这碧玉红霞的面孔于是变成了田地
栽种着温暖金黄的谷穗
在柔情的风中轻姿慢舞

喜欢上着妆的你
胭脂使你美丽
它不仅涂抹你的面孔
也美化你的心

坐在对面，面对红霞映照的秋田
有两股热流从眼睛往心里
缓缓流淌

24 Jan，2017

远离

很多微信群，很多热闹，很多陌生的声音
屏幕里长满一望无际的杂草
间或一两朵淡雅的野花轻轻点头
野藤枝蔓在脚旁缠绕
深陷荒野，何能自己？
孤零零地站在风中，不知所措

逃离！迅速奔跑，我与风赛跑
别在乎脚下的牵绊，别去听挽留的草叶呢喃
离开这片密集而嘈杂的簇拥
合上屏幕
你看外面有蔚蓝的天空、雪白自由的云
干净的桃花源里，一间茅草农舍就够了
井下有云朵倒映
美似 Narcissus 水中的丽人
一几一椅，一壶清茶
一页书稿，一句诗行
别去碰那倒影，静静凝视
便轻易地成就了自己

远离，并不远
只需要手指轻轻一按
关闭一个世界，迎来另一个世界
只在瞬息

　　Narcissus 是希腊神话中的一位美男子，爱上水中的自己的倒影，手摸不得，唇吻不得，于是静静凝视，忧郁而死。

28 Jan，2017

对不起

你们挤满了很多空间
静静地注视着我的一举一动
对待我的冷落
你们冷笑，或者容忍
我完全知晓，却假装一无所知
我是一个不去抚慰士兵的将军
庞大的军队毫无编排训练
败仗
于是成就了我的别称

不停地给你们的队伍引进新的战友
好像绣女在已经满了的绣布上继续添加内容
绣布上的图案杂乱拥挤
美感全无
蹩脚
于是成就了绣女的别称

你们貌似生活中的重要组成部分
一转身就会遭遇
比如空气、阳光和水
存在，却不自傲
存在，被依赖也被永远地忽视
需要你的人只有一个礼物给你
"对不起！"

我想与你们亲密，好像深入做爱
然后结婚生子，终身相亲相爱
怎样才能确定这样的关系
我在诗行里徘徊寻觅
答案在诗行之外，那里
却只剩下用不完的"对不起！"

时针在钟表里无情地旋转
我和你仍然若即若离，听见自己
苦笑地一遍遍重复
"对不起！"

没有时间读书，没有时间静心在阅读之后写出作品（所谓"结婚生子"），于是我便成就了失败的将军与蹩脚的绣女。没有现实的解决手段，于是只有重复的对书本的歉疚。

29 Jan，2017

在惊诧中保持平静

影响世界的就职典礼影响了你
隔着白雪皑皑、隔着屏幕、隔着两小时的道路
我想变成风，抚摸你、拥抱你
当你站在公车站牌下皱着眉头翻看着手机新闻
你的头发被我撩起
感觉到我的温度、我的环绕吗，孩子？
别让那堵横在墨西哥边境上的隔离墙挡住视线
别让那冲动的七国旅行禁令晃瞎你的双眼
别让清真寺里无辜失去生命的灵魂攥住你的哀伤
世界的倒退也许只是假象
白人至上主义否定的不是今天
是无数个明天
你我他来自四面八方，红黑黄覆盖五湖四海
许多年轻的头脑和你一模一样
原本应该被希望充满，现在却充满了失望
担忧世界，迷茫未来

孤单的，除了你、还有他和她、还有很多的我们
孤单不再是孤单，集体是一种力量
很多口正在发出声音
许多招牌正在各个角落晃动
许多人头拥挤到街上

孩子，要在惊诧中保持平静
智慧和希望不会在愤怒中生长
平静是滋养思想和希望的温床
作为或不作为、希望或失望
会在许多个明天轮流光顾你
时而让你鼓足勇气，时而让你不知所措

不被摧折，要靠坚实的根须
向下伸向深深的土壤
向上伸向高高的光明

青葱嫩苗长成大树
风雨变幻
成就了它的傲然独立

我要做那不灭的风
在你成长的四季
不需邀请，永远默默地
陪伴你、环绕你

　　Trump 新官上任就让整个世界大跌眼镜，女儿生活在自由意识强烈的蒙特利尔，心灵冲突激烈，年纪轻轻对世界充满忧虑。母亲能做的就是让孩子对未来满怀希望。妈妈爱你！

30 Jan，2017

不食

与自己为敌
压抑最初级的欲望
它们的香味儿、形状、色彩
都被紧锁在意志的钢匣里
把钥匙丢进够不着的深谷
挖掘了五十年的深谷
有群鸟在荷塘寄居

舞者，在不食的分秒里舞蹈
这是一种安静的劲舞
只看到猛烈挥舞、卷曲、扭动的身躯
消了声的画面放射着奇怪的力量
好像鸟群飞入深谷
听得到啾啾鸟鸣，不见鸟影

我与谷中的雾霭为伴
山壁的高大与幽谷的深邃相衬
一边是山顶果园万紫千红的绚烂
一边是谷底一池幽莲的呼唤
今天这个日子，微笑着告别山脉
与鸟儿牵着手飞，落脚在深处
荷塘静谧如夜

嘈杂远去，人群远去，喧闹远去
世俗的世界远了，头脑的繁杂远了
胃与生活，以最现实的姿态安静下来
停止咀嚼和一切蠕动
嵌着我名字的幽谷婴儿般新鲜
身体如莲，精神若托莲之水
一帘幽梦，凡心不再

今天禁食。自从 2015 年六次成功辟谷之后。规律禁食辟谷，清理肉体与精神成为习惯和享受。山的绚烂，隐喻五色杂陈的欲望世界，幽谷之荷塘隐喻辟谷时从肉体到心灵的干净、安静与充实感。舞，形容禁食的艰难与力量。

31 Jan，2017

自由之群

一片茂密的丛林，树种繁杂
我以一片草的姿态混在其中，旁听树木的集会
有些树直入云霄，当风来临
发出口哨般的呼啸："我要自由！"
有些树矮小集中，因为密集而隐蔽
风来了，只会抖动几片叶子，基本岿然不动
默想："如何得来自由？"
还有些杂树，一忽随着松柏摇动
一忽躲进灌木丛中窃笑
"自由，应该建立在斗争之上？或者应该和平过渡？"
千百片叶子簌簌抖动，群声此起彼伏
树木的合唱缺乏指挥
连风也奈何不得

很多草叶如我一样悄悄倾听
据说听得多了，草也能渐渐长成树

会议很长，长到得从太平洋那边量到这边
议题很远，得从炎黄汉武一直讲到 2017
几万米与几千年的漫长与遥远
在这座密林里
分秒不息，热烈整合

31 Jan，2017

不眠

夜，我的伊甸园
思想，裸体奔跑在世界之外
世界之内的喧嚣被亿万个睡眠紧紧关闭
终于成为自己的主人
在这安静得连呼吸都嫌是噪音的时刻

夜，我的伊甸园
我在书的丛林中采摘果实
从伊卡诺斯融化的翅膀到耶稣的十字架
从唐诺的"尽头"
到孙子兵法的"To win without fighting is the best"
我甚至还喜欢与"蛇"无声对话
让自由无限释放，如黑夜一样无边无际
比如去尝试那颗特殊的苹果
变成罪恶的夏娃，繁衍罪恶的人类

夜，我的伊甸园
躲在你的里面，没有围墙阻隔
却绝不愿意主动走出去
清醒，使我独自占有你
我变得如此之大，充满了你

尽管"世人皆醉我独醒"不过是个谎言
人人都会有纳尔丝索斯（Narcissus）凝视倒影的瞬间
但今夜不同，在别人的梦外清醒着
不看自己的倒影，大胆地看着许多别人的倒影
每根头发丝都在轻声歌唱
拥有自由啊，如沙漠中涌现了清凉之水

白天的喧闹使一切混沌如梦
忙碌是为了生存，不是为了自由
你看我，我看你，你为我，我为你

自由，萎缩如衰老的皮肤
拎起来，又弹回去

是的，我在夜的伊甸园里快乐地自我交欢
与亲爱的亚当
我的思想、灵魂和爱
交欢

不眠之夜，有一种不同寻常的心满意足，整个世界都变成了我的，我有了掌管它的权柄和力量。这样清醒的夜晚，思想或者不思想、想善亦或恶，想美或者想丑，纯粹的无评判的自由。人类本身终日混沌不堪，在夜里，这种安静让我感觉干净。

3 Feb, 2017

A & W

等待飞机从跑道上腾起
那只大鸟载着我的半颗心飞越海洋
太平洋太宽了，宽得只剩下波涛
半颗心将在波涛中起伏一昼夜

一杯橙茶、一盘炸薯条与我作伴
面前"Man's search for meaning"形同虚设
雪光从窗外反射，书在粼光中洗澡
餐巾盒、胡椒粉、辣椒酱恪守职责
营业员的笑是职业的笑，客气是职业的客气
我像一件商品摆在餐椅上做装饰
红毛衣很靓，耳边两条亚裔长辫

一位衣衫肮脏甚至褴褛的男人背对我大声自语
一趟趟起身，到窗外抽烟，取餐纸
或者只是为了起身
HP 电脑键盘上满是泥尘
显然，他和这电脑刚刚出土
是从精神病院的墙缝里、亦或从高科技产业的
某座坟墓里
惊奇于屏幕的闪烁如此正常

一个无家可归之人在 A&W 里玩弄电脑
这个世界合理到了一切可以尽管不合理
我的眼角滴下一滴泪，喉头呜咽
想起昨夜一句话："和我不亲，与我作对！"
肉做的心一紧一缩，如同孩童的软皮球
可怜自己已经不够，想杀掉自己，把生命消失为零

正想给那位无家可归之人买一个汉堡套餐
他嘟嘟囔囔起身径直走向柜台
一大盘食物打碎了我施展怜悯德行的高级梦
薯条是一把一把被塞进那丛肮脏胡须中被迅速淹没

进入神秘岩洞的还有半瓶浇在上面的白醋

错愕，整个世界好像一个无药可医的疯子
我只想哭泣

12 点，手机网页更新，飞机已经入云

人们排起长队，口腹之需无人例外
男人们端着大杯扎啤成群落座
炸红薯条优美地在金属筐里展示艺术姿态
欣赏，不需门票

起身，我把喉头的呜咽使劲吞咽下去
我知道，如牛的反刍
我会在稍后用几个小时来消化伤了的心

黑车已经被白雪覆盖
世界，一片空白
心灵，一片空白
钥匙一点，车灯闪亮，车锁已开
我该把你开往何处
或者现在为天空写点儿什么？

　　送母亲离渥回国，心中苦痛。昨夜的伤需要今天和许多明天来
愈合。这样的疼痛并不舒服。我听见细胞的膨胀。A & W 里的一切
离我如此之近，又如此之远。那位肮脏褴褛的男人，令一切突然变
得生动，包括我的悲伤！

06 Feb，2017

以思想呼吸

一层无形的塑胶布包裹着身体
千万个汗毛孔在呐喊呼叫：我想呼吸
滞堵的除了皮肤还有灵魂
在距离生活不远的某处，远远观望

是的，灵魂在生活之外
于是，丢失了过着的日子
悬浮在冬天苍白的天空
你到处寻找

以思想呼吸，不是一个实验
实验报告早已上交，不成功的结果
从史前延续至今
人类于是永远不会终结实验
时间的流动伴随着人类的眼泪
在种族纷争、战争、饥荒、灾难、忧郁症的舞蹈中
集体登场，主角是困惑与彷徨
人类往何处去，被问了百万遍
问题仍然新鲜

是的，灵魂在生活之外
宇宙是它的庙宇
思想的烛火燃在每个圣坛面前
圣坛独霸一方，互不相让
这座巨大庙宇里从来就没有过和平
烛火以火焰高低一比胜负
信徒虔诚匍匐，功德箱里杯满钵溢

不是信徒。以思想呼吸
成为宇宙之庙里有效的自救手段
不是之一，是唯一

混沌世界，各国纷争，种族排斥，各种歧视。人类在忙碌中追逐名利金钱，然后用金钱在宴乐中消耗生命。深深的苦恼和无目标感令我忧郁低沉。如何在五味陈杂的世界中保持清醒，已经成为永久命题。用思想呼吸，并不容易。但努力不容商量。

07 Feb，2017

很多个午后

在窗前凝视东方，眼泪落下时
带上墨镜，遮住思乡的证据

揪了三分钟白发，笑了笑
用秀发照做了头像，证明青春永驻
如果哄骗自己可以带来快乐
就哄骗吧

人群密集的集会上，躲在角落自斟自饮
不必用酒精增加脸颊红润
异样的目光
早已把你定位为异类

枫叶红透的时候
独自捧一本硬壳大书走进树林
书不是用来读的，是来做树叶收藏夹
秋红将长久停留
包括颜色、形状、香味

全世界都在为五斗米快速运转
我忍着饥饿，凝神屏幕
敲出心底的碎思梦语

冰雨正用晶莹蒙住窗户
天气预报让注意出行安全
我不出行，懒人摇椅上
一首诗正在冬季里为春心发芽

只要喜欢做个童话
别人奈你若何？

这些，相加起来形成一幅生动的图画

一个貌似健康的身影
停留在貌似优美的风景中
冰凌把主人公冻在暖和的童话里
好像那位出名的冰雪女王

壁炉的火焰如此安静
把生活的喧闹烧得精光
灰烬中升腾出一股热气
一只羊的五色灵魂从热气中
冉冉升起

　　内心的丰富，天性的安静，使时间远远不够用来记录文字。要做文字的主人，需要有很多很多如此的午后、清晨、夜晚。写作者大多饥饿，远离物质的富足，因为更多的精神在召唤。想拥有冰雪女王的孤独城堡，也想拥有一头羊温柔的灵魂。

07 Feb，2017

信与微信

信，已经成为一个遥远的概念
在记忆深处偶尔呻吟
书柜底层，经常发出提醒
青春的证据在那一大包信函里默默无语
无语的，往往珍贵
真水无香

后来，电子邮箱接了纸函的班
两三文友以邮件互祝文祺
再后来，微信登场
微信算信吗？
微型的信，以微型的词语搭起微型的联系
一切不再，青春、黄土地、风沙、梦想、校园里的小径
一切都在，友情、爱、亲情、思念、原谅、叹息……

不喜欢微信，就像我不喜欢噪音
离不开微信，就像生活在闹市，离不开噪音

用微信与世界发生关系
思想与感觉连续受精，一颗颗种子留在体内
孕育思念与忘却、痛苦与欢乐、希望与失望、成功与失
败
这一群娃娃叽叽喳喳，生活
于是有了颜色、温度、成长的未来

夜，短了许多，因为"信"的存在
哪怕你是微型的
生命，仿佛因它在腌制情感
也因它而缓慢延长

08 Feb，2017

不，不要说

不，不要说
不要说你做不到的事
不要说你将要做还没有做的事
不要说你自己听了会生气的语言
不要说别人听了会伤心的话
不要说你不懂的事，也不要不懂装懂
不要说伤人的坏话，也不要说没有意义的话
不要说否定的词语，也不要说肯定的阿谀之词
不要说缩短孩子自信心的话
不要说引起老人悲伤的话
不要说让爱人不安的话
不要说令朋友不解的话
不要说烦恼、忧伤，不要说失望、悲戚
不要诅咒、谩骂，也不要埋怨、指责
不，不要说

耶稣说舌头是火，不曾被人类制服
小火可以点燃森林

不，不要说

舌头，有什么比它更不可靠
出尔反尔、口蜜腹剑、心口不一
耳熟能详的成语，流传了很多个世纪

不，不要说

08 Feb，2017

85

漩涡

一片浮叶，顺水而下
水面舒缓轻柔，好像咏叹调"那桑多码"
在云上、在空气里、在水面
如氲弥散，如雾漂浮

跌进漩涡，只在瞬间
舒缓变为湍急，轻柔变为剧烈
很多不同种的叶子一同卷入
各色形状、味道、色彩被漩涡团结
水流力大无比
无法左右的，除了身体
还有思想、灵魂和气息，如果
树叶能拥有树的思想与灵魂
携带着土壤的气息

漩涡的激情难以抗拒，代价为摧毁
碰撞、损伤、破碎
甚至变为齑粉、无影无踪

在漩涡里，你已经失去了自己
你成了漩涡的一部分
旋转之后，或许沉入河床
或许永远出不去
或许被载向下一个目的地
不管你愿不愿意

　　进入某微信群，大量资讯，干货，有被吞噬之感。兼之思想碰
撞激烈，群中有活跃人士经常转贴各种讲座与文章，启蒙之感强烈。
漩涡喻此群的思想风暴。各种叶片喻各种不同思想。那桑多码
Nessum Dorma 是普契尼的歌剧图兰朵（Turando）中的著名咏叹调。

13 Feb，2017

生日

你用十四个小时与母体分离
用满头黑云宣布健康
再用大声哭喊揭开人生序幕
肉体的分离使我们的一生
永远不会分离

二月十三日初四的下午二点
我的世界从此神奇
你参与我的成熟
教我如何去爱、拥有耐心和懂得原谅
从此有了一个吃奶的老师
分分秒秒免费授课
课堂在床上，在桌前，在灶台，在公园
在你好奇的目光里，也在你任性的哭闹中

在你开办的这所学校里，没有假期
你喂养我如饥似渴的求知欲
从来不小里小气
二十三年弹指一挥
方片儿学士帽戴在了你的头上
我忍不住惊奇
毕业的应该是我还是你？

好吧，让我从此做你的同学
在所有已经毕了业的日子
用"我爱你"完成生活布置的作业
哪怕因为不在一起，不得不推迟考期

快乐吧，孩子
你看今天的白雪明天会变成春泥
脚下是一片广阔的旷野，虽然未知
却有百花百草，更有群鸟栖息

窗外一片雪白，枝头被厚雪压垂
一行动物的足印消失在院墙角落
壁炉的火静静地散发温暖
我发现，这个日子是你的、更是我的
装着密集的故事，曾经、现在和未来
和到死也写不完的诗句

今天是女儿生日，睁眼第一件事是发短信祝贺。"I love you my girl! Happy Birthday!"想到你，妈妈心中柔软如蜜！怎么你已经这样大了？！

13 Feb，2017

情人节

每天都有明天
每年都有一个相同的日子
每个人都有柔软的一隅
每一生都有相恋的迷醉
每一块土地都会滋长爱情
每种肤色都会生出一种共同的情感

爱，你从不偏心
你给了天，天空有了朝霞映日、彩虹横空
你给了地，大地有了鲜花甘露、五谷丰登
你给了人，人类有了疼痛、感恩、奉献与眼泪
你给了生活，生命有了起跑线、快乐与梦想

而今天，是专门留给你和他的
给那支光溜溜穿透你心的一只箭
给两对凝视的眼睛
给不用说出口就懂了一切的默契
给不能厮守就朝思暮想的冤债
给目光一碰就控制不住的心跳
给你的夜不成寐，给他的茶不思饭不想
给情窦初开，给相濡以沫，给地久天长

圣教徒瓦伦坦登上绞架的时刻
带走了他对监狱长之女的刻骨之爱
送来了一年又一年的玫瑰花和巧克力
生命在死亡铸就的爱情面前一次次重生
延续着十年、百年、千年的传说
瓦伦坦可曾预知已经变成历史的那些日子
和因他而来的情人的节日？

历史在每个人身上写下痕迹
丘比特从来不曾消失

他赤身裸体、忽闪着翅膀，手持弓箭
在你、我、他的心间
持续飞翔

　　据说情人节是为了纪念古罗马圣教徒瓦伦坦与监狱长千金之间
的爱情，瓦伦坦被绞死之前写了一封动人的情书给自己深爱的女子。
又逢情人节，有感而发。

13 Feb，2017

90

人造失眠

教授名周，口若悬河
信息之水卷去困意
思想之风刮走睡眠
旧的被清扫
空了的新居饥渴摄入
事实的真相与真理的呐喊
一股清泉涓涓流淌
脑细胞如海绵吸水，快速膨胀

不愿把自己定义成无脑愚民，但，我是
头脑在"小桥流水人家"的安逸中曾经休眠
目光在上老下小的责任中缩至朝九晚五
口舌在宁思静想中滞钝生涩
远离国事、政事、宗教
家长里短使人变得很短
柴米油盐使人变得充满油烟气
愚民，是你，也是我

喜欢这样的轰炸炸碎了睡眠
是雷雨后见到彩虹的欣喜
沙漠中凸现甘泉的快乐
晚上十点到凌晨四点
耳朵与激昂的声音相伴
眼睛与火辣的文字相遇
即便囫囵吞枣也可抵挡夜晚的饥饿
明天或者明天的明天
再来细嚼慢咽、反刍消化

人造失眠，这个新生事物
让一朵朵香花毒草同时在夜晚开放
眼睛与耳朵轮番被充满
世界变了模样

今天发生在夜晚
明天也许发生在白天……

14 Feb，2017

如果不与心说话

琐事，以纤维织就每个日子
一块没有图案的布
平凡，在平凡里升起、存在，然后消失
另一个平凡又重新开始
一块没有图案的布，素白单调
织就生活

如果不与心说话
永远不会织入颜色、花草、人物、故事
素布，永远平凡，在纤维深处

为什么不与心说话？
挤掉一些琐事，拿起一支笔
放下一些牵挂，端起一本书
关上手机，打开键盘，敲出细细的心声
思想，可以漂染纤维编织生活
你看，素白里有了赤橙黄绿
甚至茅屋草舍、牛马羊群、山峦海洋
甚至笑声与眼泪、汗水与奖牌、和平与战争

不要让"如果"成为"如果"
与心说话吧
织出独有的图案，在素白的尺布上
让平凡拥有立体的感觉
属于自己的抽象画
从此诞生

24 Feb，2017

远与近

离它很远，远到心和心的距离
一颗心曾燃着青春的烈焰在黄土高坡上翻滚
一颗心拥着红枫林的色彩在雪原上平稳前行
曾经造就了现在
年轻的心逐渐发育，正在老去
惆怅里我问时间
时间静悄悄地流淌，忽视任何提问

很多的近叠加出一个远，远便如此之近
同胞在雾霾中呼吸
在虚假中苟且，在贪腐成患中叹息
我们却拥有晴朗天空
面对淳朴笑脸，在安定中吟诗
能让这晴朗国际化吗？
能让那块土地重归淳朴真诚吗？
能让百姓停止抱怨，享受安定吗？
远处的腐败怎样变为近处的清明？
无数的问题在时间的无言中各自提问
彼此讨论、又无解而终

国际化的大潮势不可挡
普世价值在发达的网络中急速传播
被启蒙者拥挤在一处，远远近近、近近远远
那块土地与这块土地似乎已经在勾肩搭背
喧嚣的不仅是视频音频，更多的是心中的许多声音
繁忙地阅读，焦急地倾听
地平线的遥远在广阔中被一眼看到
你还能说一眼看到的是遥远吗？

温暖的壁炉旁，窗外一片白天白地
老去的心拾捡青春的记忆与焦灼

在网络里飞翔到了很远的地方
咚哒……咚哒……
时间一如既往，拒绝回答任何提问

　　被大信息袭击，克制不住对祖国的关注。知识分子意识领域的探索离不开制度、宗教、改革、斗争等等话题。身处安逸，有一种即被边缘化又无法割舍的矛盾，一切在这样的摄入中没有答案。被启蒙者仍处在被启蒙状态。

24 Feb，2017

整理诗集就是整理个人历史

写下这个题目，笑容浮在脸上
一遍遍开启、拷贝、粘贴、制定标题、归入目录
文件越来越长，好像时光
不是"好像"，本来就是时光

这是上一本诗集的尾巴
彗星一样，尾巴比星体更远更长
九年一瞬，小孩从青葱纤纤长成树木荫荫
而你，青丝间掺了白发
额上的皱纹静静地诉说人间冷暖
离"老"越来越近，个人历史
在诗行中增加页数
彗星的尾巴还在扫着星空
我们都在不停地眨眼

归纳成册的不是诗句
是血和肉、情和爱
连标点都存在意义
断句是一声叹息
分行的，是生存的使命与使命中的唏嘘
辛勤劳作之后一定会是春花秋实吗？
彷徨无助之后一定会是觉醒的看透吗？
还有世界向何处去与个人的前途如何搀扶行走
在分行的句子里，完成着零星但延续的记录
彗星从未停止划过天空
只是时常未被人看见

天空很大，装得下很多彗星
只有这诗行中的一抹，延伸在一个生命中
即便苍白单调
仍旧真实地去划着那转瞬即逝的一抹

在整理从 2008 年出版诗集之后的诗歌，两个星期理出 200 页新诗，60 页英文诗。很多诗歌令自己惊诧，九年，思想在诗行里缓慢进化，叫它个人历史相册绝不为过。

24 Feb，2017

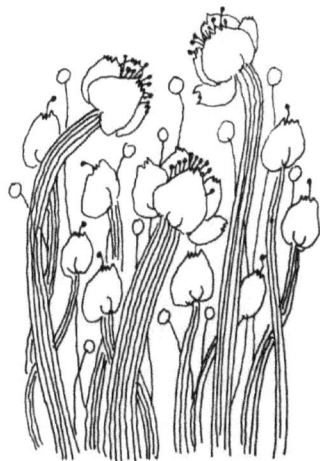

诗歌会走路

诗歌在血管里汇聚成士兵的队伍
从指尖行走到脚跟
从发梢行走到心尖
屏幕上的诗行就是目的地

一只多民族的军队相濡以沫
有的士兵擅长大踏步勇往直前
有的士兵热爱不紧不慢的缓慢悠行
有的士兵永远在跳动跨越
有的士兵干脆驻足观看，不再前行
杂沓的脚步声从来不曾间断
很多声音被过滤进梦境
很多声音流失在早九晚五的现实
只有那么一两个脚印
留在面前的屏幕里
踩着当时的舞点、旋转着当时的舞姿
留下眼泪和笑容、阴天与晴天、风和雪
故乡与他乡、老人与小孩

精兵的阵营依靠严密的训练
精兵的统帅需要有勇有谋
诗歌会走路
成就了我统帅的使命

我的指挥棒长在指尖
敲出一、二、一的鼓点儿
屏幕上就出现了成排的士兵
即便懒散无序，亦或冲锋陷阵
即便争吵纠结，亦或相安无事
都是一个名副其实的军营
不是为了战斗
是为了搭建生命、营造自我与自我周围的城郭不管诗歌写成什么，或壮怀激烈，或似水缠绵，或犹疑彷徨，只要坚持书写的热情与书写的纪律，就会成就一首又一首诗歌，这只军队就不会停止行走。

24 Feb，2017

等雨

等你从高处下放，放出碎筛的珠露
等你带着云的气息，浇化积雪、淋湿旱地
等你琐碎的唠叨：叮叮咚咚，叮叮咚咚
等你刷洗车身的泥浆，去除冬盐的浸泽
等你来，等你来，等你来

不管你来的是不是太过狂躁
不管你来的是不是太过温柔
不管你从东来还是从西来
不管你白天来还是黑夜来
不管，不管，都不管

在冬的边缘，雪已经疲惫不堪
街边堆积的白色变色成黑
肮脏的世界，堵塞了心灵
想要痛快地呼吸，吸进，呼出，痛快地

我和许多人都在等你
等你把冬衣洗净，把春的彩衣悬挂
等你落进土壤给草芽递个悄悄话
等你淋湿孩子的头发，听小脚丫零碎的奔跑声
等你来，等你来，等你来

你摆足了架子，在我们的热盼中
稳坐云端：别急，该来的时候
我自然会来

24 Feb，2017

100

睡衣里的灵魂释放

下午四点半，仍身着睡衣
没有洗漱、没有照镜子、没有梳妆
捧着电脑，第六首诗歌在一字一句形成它的模样
一个不顾一切的追赶者
追赶被忙碌挤掉的灵魂
一个奋不顾身的保护者
保护现实的缝隙里残留的非现实的精神
诗行，是一架梯子，引我爬向外空

左手边有余光中、木心
右手边有艾米丽狄金森、罗伯特弗洛斯特
《诗，说话》厚得穿越了一百年
英文的晦涩拦不住梯子上的攀爬
在第六首诗里，保护者始终保持谦卑的姿态
紧抓着追回来的灵魂一起穿越
一个灵魂即便如同质子一粒肉眼无法觉察
它却可强大到影响薛定谔的猫
追赶有了意义，保护也不再无味
宇宙无解，因为我们的小

第四第五空间里
有许多眼睛注视着三维的我此刻的努力
第六第七空间里
有许多上帝微笑着推波助澜
还有第八、第九、第十、第十一空间
它们懂得人类的灵魂与精神是怎么一回事
就像我此刻看到墙上母亲绘制的牡丹鹦鹉图
我们不懂那些神秘，我们什么都不懂
什么都不懂
正如它们的博大，它们什么都懂

睡衣里，不用装模作样
放弃人间的束缚
灵魂三百六十五度无限释放
在未知的空间里
我和许多不认识的物质共享此刻
第六首诗行里
字句演绎着字句之外的含义
夜幕将近，诗歌还在继续……

　　原计划一天一首诗，十天未写。今天总算可以静思补写。这是今天第六首。沉浸在诗歌创作中是一种幸福的逃离，头脑在持续使用中却有些力不能支。睡衣中的我似乎不认识自己……

24 Feb，2017

互相效力

一位老者关于悲天悯人的叹息
一篇无意中浏览的网文
一个网文中穿插的微信号
一位老友偶然的音频分享
一位远方诗人关于现实诗歌创作的邀请
互相效力
将一个新天地的大幕徐徐拉开

你弯腰驼背
步履蹒跚地向我走来，肩上背着沉重的包袱
里面装着贪腐、淫逸、假货、雾霾、道德沦丧
你的眼睛半闭半睁
闭着，自欺欺人，你不愿承认那些阴暗与堕落
睁着，你和你的孩子望着不一样的天空
很多人泪流满面地看着你艰难的行走
伸出手想要帮你托扶肩上的重负
可你，背转了身子……

一个新的竹林在悄悄滋长孕育
民间各种微信群如春笋初生
它们以气势磅礴的姿态在竹林里疯长
破土的声音此起彼伏
你无法拒绝那些声音
他们讨论着政治、军事、宗教和前途
他们以批判的姿态唤起民众的觉醒
他们的爱是恨铁不成钢的惆怅
他们的恨是爱的太深的倒影

隔山隔水、隔着大小屏幕观看竹林里早春的旺盛
不能不放开四肢在竹林里奔跑、高歌、追逐风
一株株幼笋互相效力
还有天外刮来的自由风

不久的一天
集体成就参天的竹林
一起享受风、享受雨、享受天空

互相效力，不仅仅写在圣经罗马书的纸页上
它长在生活的缝隙，时刻做功

25 Feb，2017

我不信

我不信耕耘过后会颗粒全无
在没有天灾的年份，春种就有秋收
收成好坏源自种子、耕作技术与气候
不能掌控气候，却可以选择良种、学习技术
一天天从春到秋
一天天在劳作里孕育成熟

我不信婴儿会停止生长
在没有先天疾病的生命里，成长是公理
喝奶、食糊、吃饭、增加肉蛋奶
蹒跚学步、健步如飞、奔跑、跳跃
细胳膊细腿变得粗壮有力
天真的目光渐趋深邃

我不信次品会胜过精品
即便价格低廉、谎言充斥
艺术与品质拥有公共标准
哪怕标准被假象暂且掩蔽

我不信疏通关系、建立人脉在文化圈的潜规则
难道塑料假花可以敌得上园丁年复一年培育的花圃？
精品的拥有者也许只是一个合格的匠人
她在笔耕中迎来朝霞、送走夕阳
他撕毁失败的作品，又在新一页上耕作

我不信时间没有答案，我不信
哪怕时间太长，长过了匠人的生命
金子即便被埋藏千年仍旧是金子
许多旧人的爱物成为古董，价值连城
人类得福，因它的旧与它曾经的真

我不信捷径，不信偷懒，不信虚幻
不信文化可以成为商品交易
不信昙花一现与塑料花持久的色彩和缺少香味的妖娆
我不信就是不信
无论多少人劝说我去相信

不信决定了所信的
用文字说话，用实力敲门
匠人就好好做你匠人的工作
不停地使用思想，不停地敲击键盘
万事有其定时
一天又一天，不跳过任何一刻
信着你的信
金黄的收获会笑着迎接属你的秋天

　　好好写作，再一次给自己打气！执着地努力，不要灰心丧气，不要因作品的瑕疵怀疑自己的能力，不要因正在老去而放弃追求，不要因没有物质回报而改变方向。坚持就是胜利，你要时刻坚信。爱着写作，就去写吧。

27 Feb，2017

我村

东霞在清晨抹红天空
最美的胭脂绽放了美人的笑颜
平房如积木坐落有序
天空清扫师早已用纯天然雨水把街道清理干净
车轮的启动声结束了夜的静寂

早行的人们迎着美人的笑脸开上高速
一杯提姆霍顿咖啡在杯座里冒着热气
伴奏的是 1310 中波里的天气、交通和社区消息
还有车窗外呼啸而过的广阔田野
伽第诺的远山也在天际相伴凝视
城里的高楼在前方招手
不是摩天大厦的大厦谦虚地伫立
没有灯红酒绿，没有高声笑语
一切都悄然相随，如同脚下走不到头的大地
纯朴得好像来自一捧泥土
里面富含和平的种子和善良的根须

遛狗的人们相视一笑
拍拍你的哈斯奇，夸夸我的金利多
人、宠物、森林、街道谱写着一首温柔的歌
歌声收敛、沉静而含蓄
只有松鼠和加拿大鹅张狂在夏季
社区公园里鸟食来自喜爱动物的人群
粪便来自喜爱喂食人群的鸟群
是人造就了群鸟，还是群鸟安慰了人群
鸟的脾性被惯坏了，一只鹅妈妈咬了行人
呵呵，它们除了漫步在公园与草坪
也漫步在报纸和广播

树林切割了街道，街道穿梭在林间
你毫无办法地被染绿了
出门你就拥抱着绿，抬脚你就踩踏了绿

你和绿怎么也分不开，你就尾随着绿吧
听，自行车飞快的旋转正在挑战林间小径
看，长跑的人群正排着队在人行道上制造风景
推开窗，你看见绿；睁开眼，你充满绿
行走、驰行、奔跑，绿包装着你

别埋怨冬的漫长，去看看雪季的山顶
很多彩色的滑雪服加入了一幅大
画板是白色的山川
从山巅飘移而下的身影是一只只流彩的画笔
薯条普丁肆无忌惮地熏香了休息大厅
红着面孔的健将们用低声喧哗骚扰着我们的食欲

荷兰王室的感恩之心长得从二战延续至今
那间特殊意义的产房让郁金香永远在渥太华的仲春绽放
成群的艳丽在稻丝湖畔陪伴着赏花的人群
福泽着你的眼，他的心，我们的春天
渥太华河上的轻舟正在国会山下仰首献上敬意
绿色的尖顶、镂刻精雕的楼身在山坡上傲然挺立
世界各地的游人用目光把它覆盖
给它穿上赞美的外衣
谁能相信丽都河是人造的？
世界最长的冰场骄傲地成为唯一

最炫耀的是秋季的色彩大会
赤橙黄绿青蓝紫一同被邀请出席
层峦摆上五色腌制的大餐，森林端着火焰
山谷里的松柏不肯让步
凑上一抹又一抹鲜红中的绿意
森林小径上脚步杂沓
一片片红叶在树梢或脚下聚集
孩子弯腰捡起了完美的一片，却被失望调戏
世上本无完美，这一片又一片就是证据

有歌者边走边哼着小曲：秋天啊，我的爱人
我和你从此不愿分离
连诗人也不请自来，在每一跟树枝上雕刻记忆
还把染红的诗句揣进口袋
要保存到明年、后年，翻开在冬季

我的村庄就是这样在四季里徜徉
有时甩着细雨，有时抛洒雪泥
有时用蒲公英点缀草原
有时用红枫林涂染天地
它的潇洒在每个村民的脸上印着戳记
温暖、祥和如同那个久远的故事
陶渊明再世，一定写出又一篇可以重新找到路径的桃花源

在村口，我瞭望过去的年头
抬头看见踱步而来柔美的你
新客，你说你的名字是"二零一七"

一转眼在渥太华生活十七年了，对这个城市的习惯与对它的喜爱成正比例增长。我爱它的每个细节，时间上的四季，空间上的山峦、草坪、湖泊、社区。时间在行走，我将一如既往地习惯她、爱她。

注：荷兰女王在二战为安全躲到渥太华并产下一子，为了让孩子的国籍属于荷兰，加拿大把那间产房定为荷兰领地，连医院边上的街名都改成"荷兰街"。战后为了感恩，荷兰王室每年春季向加拿大赠送郁金香花种，延续至今。渥太华的郁金香节来源于此。

27 Feb，2017

夜雨

鼓乐叮咚，隔着窗玻璃拖着我离梦
黑暗中，眸子圆睁定格：

是你吗，我久等的女郎
掀开窗帘一角，我在缝隙中与街灯下的你默默对视
你踩着节奏鲜明的舞步为我跳舞
不，你在为许多窗帘后面的窥视者跳舞
不，你也在为许多没被你吵醒的梦者跳舞
不，不，你谁也不为，你只是在完成你舞者的使命
滴滴滴，哒哒哒，滴滴，哒哒，嘀嗒，嘀嗒，滴滴哒
是你纤细的发丝被风儿撩起，你时而歪斜
是你坚定的脚丫落地了，地面上现出千万个开心的水泡
是你清脆的歌喉不知疲惫，才有了窗棱上的合唱
你的优雅沉着、你的训练有素，让对视者的心儿开始飞
翔

是你吗，我久等的女郎
你总是在人类几乎丧失希望的时候
用眼泪来替人间清洗创伤
你从不吝啬偏颇，洗了房屋、洗街道
洗了车辆、洗树木，洗了山川，洗河流
你洗过的一切，旧变作了新
你的勤劳你的爱，让世界换了模样

是你，正是你，我久等的女郎
我用目光与你拥抱，隔着玻璃与你缠绵
这，怎么能够？
我必须扑进你真实的怀抱

被你激烈地欢迎着，我忘了换掉睡衣
被你不顾一切地亲吻着，我忘记了自己
没发疯，我只是变成了孩童，甩掉了犹豫
没神经，时不时，我们需要这一刻解放的欢愉

110

我久等的女郎啊
这样一场很像样子的夜雨
淋湿夜
也淋湿我的身体和诗句

我真的被雨声惊醒，真的夜半三更在窗前呆站良久，真的起身下楼走进了雨里，我还把沾满泥水盐渍的车子从车库开出去让大雨清洗，这个细节没有写进来，觉得很世俗。：）呵呵，变成不管不顾的孩子，多么洒脱爽意。爱雨。

1 Mar，2017

倾听

当眼睛发出疼痛的呼求
身体的主人做出艰难的抉择
用什么来摄入精神营养？
口、鼻，无法胜任大脑的渴望
它们服务于基础的需求
比如辨别香味与安慰胃的呻吟

耳朵，因此变得大、扩大，甚至伟大
声音的吸纳带来了思想、智慧与学识
声波响在弧形健身机上
练了身体，也练了精神
声波响在主妇的灶厨旁
好了饭菜，也好了心情
声波响在母亲等候孩儿的车子里
逝去了时间，得到了文化
声波响在失眠的夜、早醒的晨
孤独变作诗的韵律、思维的音乐

知识分子群的讲座一分钟一分钟地
连接着思维细胞的排列与组合
下载的音频一章一节地
翻阅着上下古今、南北东西
Multi-tasking 被高限使用
无论何时何地，声波成为背景
学习成为常态，人
变成了持续吸氧的海绵

越来越多地使用听觉
造物主的大爱啊，让疲惫的视力有了替代的姐妹
在音讯发达的现代世界
远远近近的声音向你扑来
你呼吸、挑捡、分析、摄入、采纳或拒绝
耳鼓那条漫长的通道

一直通向一颗宽大的心
还将一直通向未知的未来

　　因为年纪，也因为电子产品的近距离使用，眼睛似乎经常感觉疲倦，开始远视。几年前开始在运动时大量听书至今，听书已变成习惯，做家务、等孩子、入睡前。听，成为常态。近来微信知识群里常有讲座，耳朵越发繁忙起来。感慨。上帝让人类在拥有视觉之外，还拥有听力，多么好！

1 Mar，2017

身份认定

如何认定你的身份，让我费尽脑筋
离不开你，当身体婴儿一样弱小无力
需要你为我补充肌肉
此时，你就是我的母亲
我要用婴儿嚎哭的热情吸吮你的乳液
得到肌肉生长的营养源

如何认定你的身份，让我费尽脑筋
离不开你，当情绪发出海潮一样的波荡
需要你来平复我的爱与恨、喜与忧、惶恐与激动
此时，你就是我的兄弟姐妹
我要用消耗的卡路里从你手里换取因多芬
在血液的新鲜流淌中实现共识

如何认定你的身份，让我费尽脑筋
离不开你，当我感觉孤单无助
需要你来邀请我的加入
此时，你就是我的组织、我的俱乐部
我要像你的其他成员一样，憋足气举起杠铃
在 Hiit 里学习极限与休息，持续与间歇
很多的我组成了热气腾腾的你
我们用眼神和动作互相激励

如何认定你的身份，让我费尽脑筋
离不开你，当我准备放弃
请你来开导教育
此时，你是我的教师
在你富有的实验室里尝试各种各样的机器与重量
我学会了让坚持与进步相存相依
在你的课堂里，我一直在缓慢升级

你是我的母亲、兄妹、组织与教师
认定你的身份，就是把一个多面体翻来又复去
当我再一次换好运动衣
对你的身份认定
我表示放弃

　　买了 Goodlife 的会员卡，爱上了健身房，这里有着游泳池没有的另一种魅力，设计优良、令人眼花缭乱的健身器材、充满刺激和活力的健身课、健身同道们额上的汗水、胸前后背湿透的运动衣，都给人积极的刺激和动力。健身之后的快感堪比新生。一首诗不足以写够它，这只是开始。

2 Mar, 2017

两人

只同一人面对面
两人之间摆着诱人的食物与友情
食物沿着香唇进入食道
友情沿着语言进入心脏
摄取营养、进出鲜血
胃与心脏是好朋友
人类一直就是这样

两人就够了
伯牙与子期用琴声证明
梁山伯与祝英台用转世的蝴蝶证明
唐吉珂德与桑丘用忠诚的游历证明
哈姆雷特与霍雷肖用生者的故事证明
世世代代，古今中西
你、我、他、她
用餐桌上架桥的食物与桥梁上行走的话语来证明

两人就够了
在这个纷繁嘈杂的世界里
在昏暗喧闹的酒吧间
在群群伙伙的派对上
阳光下面，灯光下面，月光下面
实实在在，两人就够了

　　不喜欢人多的聚会，不喜欢热闹。独处之外，只喜欢一对一的午餐与交谈，深度享受，拥有肚腹的满意，也获得精神进餐的愉悦。

9 Mar，2017

"管束"先生

伊索寓言里的宴席上
舌头是个坏东西，也是个好东西
圣经说谨守口与舌的，可免受灾难
中国成语讲良言逆耳，言多必失，祸从口出……

纷杂的时代，充斥了声音
舌头用电子信号在天空构图
印象画、抽象画、写实画、虚拟画……
现实主义、现代主义、超现实主义、后现代主义……
舌头以柔软的力量，如白云倏忽变换，覆盖苍宇
舌头以坚硬的力量，如树与山的坚定，把世界变作立体
舌头还会刮风
东南西北风、微风、清风、狂风、沙尘暴
舌头也会下雨
春雨润物，秋雨绵长，夏雨滂沱，冬雨寒阴

舌头，它支撑生活，也毁灭生活
维系关系，也摧折友谊
它暴露你的自负与无知
也托举你的善良与虔诚
学习使用它，是一生的学堂
老师只有一位，名字叫"管束"先生
他如此严厉，不轻易让你升级
请相信，不努力
没有人能够顺利毕业

如何讲话，讲多少话，什么时候讲什么话，是一生需要学习的功课。提醒自己做个持久的学生。

9 Mar，2017

十七首

坎昆归来，墨西哥的阳光还留在脸上
空白的屏幕送我一份苍白的孤寂
一天一首的计划以一天一首的速度落后
准备在今天补写十七首或者在明天补写十八首
如果继续落后，就在后天补写十九首
如此这般延续……
古人说：明日复明日

永远奔跑，总也跑不过时间
安逸与享乐总在身侧侍随
这位细心的侍者端着精美瓷器
用香茶美酒把你迷醉
他替你合上电脑
同时关闭你的大脑
你被他惯坏，习惯了顺从
他还捧着喷了香水的湿毛巾替你擦汗
拿走你面前的纸笔
你的脸在睡眠中微笑，想象力停在梦里
远离文字
他还会在你走累的时候递上一只拐杖
牵着你的手把你从陡峭的书山
和浩瀚的学海引到生活的平地上来
这里只有柴米油盐、日出而作日落而息

任由他的服侍，你不是主人，是奴隶

"十七首"的标题需要有个革命来支撑
革了这侍者的命，辞退他忠心又细致的服侍
做回主人
在需要纸醉金迷时你来说了算
在需要扔掉纸笔时你来说了算
在需要远离书山学海时你来说了算
让他的忠诚变成对你的俯首称臣

不仅为了十七首或者二十七首
你要告别一天一首的落后
做个心中理想的主人，成就一个
自由书写诗歌的王者
三百六十五天
就拥有三百六十五首

安逸使人丧志，以安逸喻良仆，把我不断地从文字的计划中拖出来，使诗歌创作的计划不断滞后，心中因此焦急而空洞，做主，就必须辞去这个你常常舍不得的仆人。克服惰性，是一切写作计划实施之母。

22 Mar，2017

绿道

一位骑行者以车轮丈量孤独
请相信，孤独可以用长度计算
一圈又一圈地加载距离时
维瓦尔第的《四季》伴着风飘在耳畔
还有目光，延伸到梵高旋绕的星空上
一个人的对话从不停止

倏忽而逝的街景都是消了音的歌者
她们、他们和它们张合嘴唇，对骑行者高歌
他只是一味地前行，不回头
《四季》被那第一辆二手自行车上沉重的农作物
压得人仰马翻
一颗心可以盛装很远、很宽、很遥远的画面
青春从过去倒进到面前，都是骑者
一个为生存的运载
一个为在路上，能自由地发出孤独的心音

交响乐在你心中轰鸣
你细腻地分辨着各种乐器的分别之音
文字在你眼前翻页
你默忆着《公羊传》的"孔子泣麟"
路边的风景都在为你的内心合唱颂歌
一种"伟大"只长在你的心中
参天大树
根须绵长坚韧，谦虚而自信
一个人难道不够吗？太够了
世界很大很烦
一个人常常是太够了

坐在石礁上看海
想象涛声里那个凝固的身影
罗丹的"思想者"清晰地活转在小梅沙
一块石头里藏着巨大的思索与静寂

安然谦恭如一朵浪花
破的无声无息、无影无踪
思想者无法停止思想

"珍视地球"其实未必比"珍视地狱"更加顺理成章
这块大地上露在阳光下的地狱还不多吗？
弱视的不是视力
是上帝这位眼科医生旋转的测试仪

延着你的绿道
我走在一条肉做的心架起的软桥上
经过西方与东方，音乐与绘画
故乡与他乡，电影与现实
从一成不变的办公室延伸至朝夕万变的海潮岸边
绿的，不是风景
是一颗孤独的心脏
随着四季变换颜色
因为其绿，我明白
现在是你平静的春天

读文友家淳《绿道》有感。

22 Mar，2017

121

坎昆组诗

二零一七年三月前往墨西哥坎昆度假，庆祝二十五年银婚纪念日，甚好，以组诗记。

沙克拉特瞭望塔

即便游客只有一家三口
正规解说与旋转仍没有丝毫懈怠
对于认真的给予，总以认真回馈
专机的感觉宛如鹰王
眼睛睁得巨大，上升变我们为鸟
来，伸展双臂，以鹰的姿态俯瞰人间

是天空给了大海那一碧的蓝
还是大海给了天空一汪温柔的色彩
白沙如细盐蜿蜒出一带盐画
一边绿浪轻拍
一边蓝白相间的躺椅托举着慵懒的人群
椰树纹丝不动
风都不能打扰海滨的祥和与安宁
阳光因为明亮，通照大地，绝无偏袒
海天并非一色，天海之吻以
世上最稳定、最长、最坚定的长线
粘合出一条无法分开的长吻

灌木林柔和蜿蜒
这一片平展的绿原啊
豪华酒店冲天而立
也无法破坏你阔达的平坦

喧嚣，留在海滨旅游带
看那数不清的亭台楼榭
宁静，在远处无边地覆盖

看那固执的平静与坦然

鹰眼所见，人类如蚁
喜怒哀乐、七情六欲尽如尘埃
肉身稳坐在玻璃墙内平缓地旋转升降
精神却因高度而幻梦如蝶，思想自由如鹰
飞翔，旋转，俯冲，再冲上云霄

每一次高升，都看到人类的渺小
每一圈旋转，都能够放眼四方
坎昆的海湾原来是鹰眼里人类的梦醒地
梦里梦外——树林拥抱大地，天拥抱海
自然之爱无私无边地
拥抱着人间

　　登 Xecrat Tower 旋转塔，操作员只为我们一家三口开动机器，坐在环形座椅上旋升至塔顶，可俯瞰整个坎昆地貌。居高临下，心潮起伏。

23 Mar，2017

123

齐齐伊特加金字塔

如果能让时间倒转千年
我愿意做那位神秘设计师的助手
破译图纸上（如果那时有纸）所有线条
再用石斧凿砍、树叶打磨成型的石料
遵依天体规律
大小合理、高低有序地堆积成如此巨塔
天体，怎样通过肉眼观测出规律
因设计师的详解授意而变得自然平常
却在千年之后来让世人目瞪口呆，于是
这位助手，便有了"神化"的荣耀

十五岁的女儿圆睁双眼，不断惊呼
"两千年前的人类，怎么会如此聪慧？"
我只能以"上帝恩顾！"做答

热带的烈日
显然没有晒伤你的子民们造塔的智慧与勇气
树叶做的砂纸竟然磨出了石头的形状
你拥有多少个愚公
我们这些后世的愚民无从得知
"艰难"一词，在神迹中从不存在
月圆月缺，日升日落，在塔身上精确堆砌
一年、一月、一日，借巨塔来郑重声明
连塔身的阴阳都叙说着精准翔实的天宫之语

惊奇，已经不能以惊奇来表达
感叹，已经不能用感叹来叹息
以膜拜的心理，我们与你合影
很多人在你面前拍手
为了听那声从塔身返回的鸟鸣
神秘，已经不能用神秘来诠释

在你灰白的石身面前

面对你的稳定与坦然
又一次，我看到了人类的渺小

　　齐齐伊特加金字塔是古玛雅文化的重要残留古迹，金字塔按照
天文规律堆出，石块的排列组合、位置都根据天象有所对应与解读。
这样的神迹，在那样的洪荒年代是如何创作出来，令游人无限唏嘘。

24 Mar，2017

草棚下的父女

草棚下躺着一对身体
一位凹凸有致，一位敦实健壮
白色的比基尼紧挨着粗壮的身躯
夹带着咸味儿的微风钻进俩对鼻孔
眼皮上跳动着阳光忽闪的亲吻
一个梦与另一个梦并排在一起
我卡嚓一声把瞬间拦截
让你们缠绕的白日梦
变成我的历史真迹

呆呆地，我坐在白色的沙地
望着这样一对酣睡的尤物
失去所有言语
一个生命和这个生命创造的延续
一模一样的睡姿，一模一样的呼吸节奏
脸上一模一样的笑容，腿部一模一样的弯曲
澄净的沙粒挂满你俩不一样的身体
也无法掩藏这些一模一样的神奇

太阳很热，从皮肤直接照进心底
坐在你俩身边，我满心感激

坎昆一个著名海滨，天空燥热，草棚下父女俩在海风熏染中酣
睡。我拍照，注视他们，心中甜蜜。

7 Apr，2017

126

观鱼

防水镜、呼气管、脚蹼、救生背心
鱼群悠然，无动于衷
不在乎这些古怪的水人烦人的凝神注目
鱼儿尽着自己的本分
安静地游动

紧追不舍，手指彼此招呼指点鱼群
水，阻止了语言和声音
唤醒了肢体表达惊喜的能力
看，蓝鱼！哦，斑纹鱼！哇，一群银针鱼……
闯入鱼世界的除了我们还有很多他们
是人鱼的侵犯、珊岩下的阴凉
还是石上的附着生物
让鱼们成群地聚在珊瑚岩缝、水树的根林丛中
一动不动的鱼群啊
你们可有同样一动不动的鱼梦
显然，你们不羡慕这些兴师动众全副武装
才能在水中呼吸游动的人类，你们
在自己的家园里不必早九晚五
不必买车买房，你们的自由没有界限
只要游着，你们就在生活

人类只有在这短暂假期与你们的生活发生交叉
在变成鱼的半小时里，我
把羡慕变成课堂，有个成语应该改成
随鱼而安

分别在 Xlha 的河里和 Xcrat 的湖里两次浮潜（Snorkeling），一家三口与鱼儿为伍，尽享鱼世界的平静、隔绝与欢乐。

8 Apr，2017

豪饮

塔其拉（Tequila），一杯又一杯
在烈性的烧灼中朗笑
让红霞担任最天然的胭脂
云蒸雾罩，心灵被酒精腌制
身体穿梭在赤裸的人群中
五颜六色的皮肤扑面而来
思想飞向无界的宇宙，目光
早已越过面前的喧哗，现实远去

再来一杯，不，两杯
调酒师的嘴角一丝浅笑
小费杯里高高隆起纸币的小山
欢声与笑语近在咫尺，仿佛隔世
眼神游离在爱女与爱人之间
如果需要说点儿什么，我想说大爱无疆
如果需要做点儿什么，我要毁掉世上所有的枪
让这样的和平欢笑充满世界的每个角落
如果给我一个机会向上帝索要，我请求
平等公义，普世价值
还希望天灾人祸不再使人类遭殃

一个小人物的酒精高潮
可以超越地域人种，思想飘在云上
摇晃着酒杯和眼神，我想对陌生人
多谈一点儿人类的理想

　　喜欢烈酒，因几次全天旅行都是包酒水吃喝，过了酒瘾，墨西哥的龙舌兰酒（Tequila）被我尝够。晕酒十分，心灵超越现实，醉在别人看不到的理想世界，似乎拥有一种高尚而自由的松弛。

8 Apr,2017

夜游

一条鱼浸泡在酒店屋顶的泳池里
当自由泳的水花溅起
她辗转倾听池畔的零星笑语
池底的灯光被池水过滤
一条朦胧的美人鱼闷在水中不去呼吸
恍惚听到旷世的歌声
那变成泡沫前的抽泣

当蛙泳的涟波推去
她露出水面，青年人坐在池边
涂着指甲油的脚趾一勾一踹
青春的自由与蝌蚪的自由无异
端着酒杯的纤手嬉笑中挡住了多情的流盼
池中的灯光继续过滤，美人鱼与池畔的青春
产生了一种相同的追求

当仰泳的双臂高高举起伸向黑暗
星空毫无保留地垂下星光
肉眼与夜幕直接倾诉情话，星星频繁眨眼
毫不犹豫，她把爱情递给了所有星星
一万年到达也不怕
这是她渺小的全部

既然天空以繁星的目光做定礼
就别再变换泳姿
仰泳，让目光与星空完成洞房的许诺
遥远，但相爱

　　住在 Aloft 酒店，位于坎昆酒店区中心地带，临近海滨与密集商铺饭店。酒店顶层有露天泳池。度假期间几次上楼去完成我的游泳运动计划，喜欢在黑夜独自望着星空在泳池中自在。

10 Apr, 2017

玛胡拉岛

借给我风速，从此岸到彼岸
头发呼啦啦招展成旗帆
黄发、黑发、金发、白发
黝黑的面孔发出嘶哑的嗓音
手里一把吉他欢快地响着
歌词被海风吹得七零八碎
彼岸近了，卖艺者不知去向

高尔夫车代步，匀速颠簸
邀来了烈日和海风
海岩上一位老妇在拾捡贝壳
浪沫雪堆，海天无界
法裔女郎说着蹩脚英语请求拍照
咔嚓，皱纹被海风吹平
照片是最好的易容术，五十岁变作二十岁
西班牙语的感谢响亮如交响乐
一辆单车横斜在岸头

游客的好奇心惊醒了买那提（Manatee）
少女的亲吻何等珍贵
相片价值五十美金
没有一分会装进买那提的口袋
买那提没有口袋
只有人类，才制造装钱的口袋

一样的海风，海水，淡水泳池，自助餐
比基尼，棕色皮肤，笑声，塔奇拉，仙人掌色拉
躺椅，吊床，海龟池，海豚池，茅草亭
少女首次开车，高尔夫车发出欢叫
海鸟在飞

阳光晒倦了、晒够了、晒得快下班了
挤在返航的人群中，心中写诗

诗句哪里够用，加上音符也不够用
当世界在海滨停止，我们
忘记了真实的陆上纷杂、喧嚣、苦难的世界

想忘记世界的时候
乘船去玛胡拉岛吧

在玛胡拉岛游玩一天，很有趣，租了一个高尔夫车环岛游，边停边玩，进了海豚公园，贝贝实现了与海牛 manatee 近距离接触的机会，吃喝玩儿。世界只剩下悠闲的快乐。

10 Apr，2017

高速公车

你的心能怎样四通八达
R1，R2 就可以怎样四通八达
响应招呼，上车吧

从未体验过横冲直撞的感觉吗？
不要坐下，紧握吊环，立稳双脚
快速颠簸中，浑身的肌肉
会协调完成健身房的消耗
别担心你娇弱的躯体会受伤
习惯会把你练就成钢
快，猛，急停，突然启动
所有过山车的元素它应有尽有
既然是度假，就来吧
刺激，来吧
Fun，来吧
把那"四平八稳"抛进路边喧嚣的海洋

搬到坎昆吧，每天乘车
节省了健身房的运动时间
上车，就进了游乐场
艺人在车上弹着吉他高歌
乘客跟随着合唱
司机肆无忌惮地加速
似乎要撞了，又化险为夷
原来不过是虚惊一场

上车你就应该只做一件事
或者惊恐地捧着心脏
或者沉浸其中
笑吧，乐吧
连生命都忘了吧

一段公车旅程
不是送你回家，是送你一份惊奇
如果生活是一页书
这就是那个你从不翻过来观看的
另一面

在坎昆多次乘坐 R1、R2 两条主线公车，感慨于车行的颠簸神速和车上的热闹，几次怀疑自己是否得了 whiplash。哈哈。

11 Apr，2017

133

地球人

和女儿的嬉笑声被海浪卷走
庆幸海浪不懂汉语，否则
我会背上骂名，愿意偶尔
做个不好、不善、调侃辱骂之人
让面具破碎，如孩童直言不讳
放肆之后的欢乐如风横扫

上帝在他们的头上按了一下
头大，无颈，矮小，敦实，黝黑
成就了欢笑的主角
请不要上升到种族歧视
形容词只是文人的少许卖弄和自娱

有一条小河在温柔流淌
流在脸上变成笑容
流在口中变成感谢
流在手里变成大大的小费
流在诗里变成愉悦的赞美

快捷欢乐的吉他声
高亢欢愉的歌声
明眸炫目的舞者撩动巨大的裙摆
代代相传的西班牙血统渗入大地
热季与更热季，阳光两季普照
玉米、葫芦瓜、豆子同根成长
明月拥抱太阳，挂在纪念品商店的墙壁上
延续着婚后的爱情
自由的思想
飘荡在椰子树梢和仙人掌的针刺上

欢笑还在继续
矮小的人类使环境变得宽大

于是，我们来凑个热闹
来借你们的欢乐
来填充你们多余的空间
分享你们的阳光和沙岸
会不会中文、英文、西班牙文都没有关系
咱们有个通用名字
地球人

　　和女儿一路调侃墨西哥人的矮小模样，女儿说我不"nice"，自己也感觉那人的矮小说笑有些"卑劣"。喜爱他们的乐观奔放，喜欢他们的海滨，喜欢月亮与太阳的饰品，喜欢旅行中遭遇的人和事儿。

12 Apr，2017

台球

两眼细眯凝视，长杆轻击，两球碰撞
长方桌与圆球上演合力佳作
酒店大厅里，一朵粉嫩的鲜花在稚气的脸上绽放
园丁心慰，笑对花朵
长杆不去谦让，赢和输都是赢
赢了基因里的同质
赢了成长里的熏陶
赢了共享的欢乐
赢了贴心的默契

如果球会说话，它说
我的存在是为了时刻等待打击
如果杆会说话，它说
我的诞生是为了实施打击
如果爹爹说话，他说
我存在，可以帮你的大厦奠基
如果女儿说话，她说
我存在，给你带来满足和欢乐

这些悄悄话都被大厅里的台球案
静静地收听，然后被我
写进诗里

　　贝贝在爸爸带领下爱上了台球，几天就长速进展。爷俩儿回到酒店就隔三差五去打球，乐在其中。

12 Apr，2017

136

二十五年

二十五年，只是半天

清晨，我们一身轻装
揣着年轻的梦想就上路了
我扔掉了街上拥挤的目光
学做育苗的农人
安静的田野清露滴滴
我们用心泉浇灌未来

八点，我们背上了一个婴儿的襁褓
一直向西
两只牵着翅膀的大鸟着陆在赫尔辛基
斯堪迪纳维亚半岛的暖流在我们的书本边流淌
单纯的人群和高大的森林未能把我们挽留
你说："走吧，向西。"
我微笑，紧跟着你的步履

九点，枫叶国的盛夏并不那么可爱
你我继续着鸟类的迁徙
我加入体力劳动的行列
像数到了 100 又得从 0 数起
生活教会你我脚踏实地
我们相拥着克制住冲到嘴边的困惑与怨气
多伦多的气候没有胜过温尼伯的严寒
我们又一次开头
重新做一个新故事的主角

高科技的泡沫把半截的故事摔得粉碎了
首都的千禧年瞬间来到眼前

烟花照在寒冬的夜空
也照在心底
十点，如果我们有美国梦
那梦在婴儿的啼哭声中
嘎然而止，她来了
我们开始学习安居，冰雪里有着冷冻般的沉静
春苗们安全地藏进雪里
哪怕北电的倒闭也不曾吓倒勇敢而沉稳的你
我们不用挽着手，就摸着对方的心

车祸也没什么了不起
彗星一闪
生与死的分界线划过夜空
多年后
那一切不过是一声微笑的叹息

十一点，我们在接来送往的车轮上学习
和她们一起长长的除了日子
还有头发和习惯
疲累和笑声是叮叮当当碎落的大小钻石
镶嵌在每个日子的每一个缝隙
两位小老师对我们一点儿都不严厉
只慷慨地施舍欢乐和日新月异

十二点，不知不觉
我的目光扬起了三十度的视角
才能把她俩的五官收集
面前是花样年华和无法忽视的婷婷玉立
幼苗成长，结出两只甘甜的硕果
农人的慰籍何需奖品？你看
这一地艳黄的丰收之景是怎样的光华熠熠

家，你和我捏出的一个活生生的模具
吹一口气，它就立体地完成了一上午的神奇

万里路在我们脚下消失
四面八方的世界在我们眼睛里备份
日子，在记忆的相册里存取
不用接吻
两颗心已经粘在一起
强力胶是二十五个春秋的朝夕

剩下这半天要用二十五年
或者再加一个二十五年来成就
疾病和衰老、孙孩们的欢闹
都将一起舞蹈
肩上的包裹正在用皱纹来代替
不急不躁，手拉手，泳池里我们还不是太老
不吵不恼
所有的难题，我们只需微微一笑

爱着消失的上午，下午就在窗外
四季寒暑，无论什么风雨来临
都不过是下一个日子的
演习

一九九二年三月十八日，我们结婚。二十五年匆匆而过，回头望去，仿佛一生中的半天。两个女儿婷婷玉立，家庭和睦安康，无限感恩，不求更多。银婚，闪烁着银色含蓄的光辉。言语多余，接着过好下半天。

25 Mar，2017

139

绿色蝴蝶兰

当他花以姹紫嫣红盛放出俗艳的美丽
你以罕见的绿色花蕾，迎来世人的惊叹
你的卓绝无需证明，时间在你面前驻足观望
五年的休眠缓慢地积蓄营养
叶片的厚实粗壮持久地向根须敬礼
支楞八翘的气根放肆地挑战空气
花主对出莛的盼望闪烁在每次和你相遇的目光里

优图的免费养花课堂温柔地将花主与你连在一起
特殊的欧克蒂花肥与特殊的欧克蒂木屑土
都急急忙忙为你献上
还有花主柔软的心、凝视的目光与唇边的笑纹
都被你一次次偷去，又一次次为你滋生
如你蔓延的气根一样
只要存在，就无法不与你挂肚又牵肠

五年，对生命并不算久
对一朵花的开放却装着一千八百多天的蕴藏
当那根粗壮的花莛一天天往高处伸头张望
我的目光就无法与你别离
皮肤与肌肉的私情
默默地，无需言语，相恋相惜
肌肉的健康与成长
是皮肤唯一的希望

六颗花苞玲珑地悬挂在冬季
在一个寒冷的三月，迎来第一朵的绽放
喜悦二字，无法形容我仰望你的目光
女儿说花主的脸蛋好像一轮太阳，不信
你看她手机拍下的瞬间
瞳孔里一朵绿色的欧克蒂正忽闪着静止的翅膀

欧克蒂啊，我在等待下一朵的开放
不用商量
我知道你会用六朵旺盛的绿翅紫蕊
在未来的几个月里，占据我的
眼睛、心房
让整个春天充满绿色阳光

　　这株蝴蝶兰已经很老，五年不曾开花，拼命长叶。从 youtube 上学了如何换土如何施肥，半年的精心培育，竟把它救活，老花发生了新变化，三天前迎来第一朵的盛开。因为老，叶片大，出的莛非常粗壮，花朵也大而健硕。是一种含蓄的绿。我无法掩饰自己的喜悦，一看它，就笑逐颜开。贝贝说：妈妈，你看你盯着这花的眼神，怎么会这样快乐！哇！当即她就把妈妈定格在手机相册里了。

25 Mar，2017

惊梦

凌晨三点，绳索捆缚
肩膀凝滞疼痛，呼吸窒息
一棵悬根大树轰然倒地
你从东方跑来，脸上布满愤怒
"我踹了他，他跳崖自尽了。我间接杀了人！"
他是谁？无从而知
哥，我用怜悯无奈的目光迎接你
你说树根下的空间够我们十人团聚，你恨
愤怒在燃烧，烧得我浑身灼烫
即便醒来，也无法冷却

断续的睡眠夹裹着断续的呻吟
无声无息，现实与睡眠一样安静
很多脸，叶片一样漂浮于风
有同窗未知的两个男人自称熟识
叫不出名字，抱歉在心里如蚁虫噬咬
地狱般的恐惧如紧身衣缠裹
逃离，一扇钢化玻璃被嘶嘶锯开
奔跑，斗士的地下课堂必须转移

跪在地上，我仰天哭泣
眼泪是两行血
一廉惊梦，在晨光中发出厉鬼的嘶鸣

　　这是一个非常疲乏而惊恐的梦，一颗巨树轰然倒地，哥因暴力令某人死去。醒了睡，睡了醒。大学某二位同学有些暧昧地与我相认，心里清晰地感觉到亲近而惭愧。然后关门开会，逃跑，血……浑身疲惫不安地醒来，心情沉重。周公解梦去查询，树倒不是吉兆，警示。我坦然。近来思想混乱，思想群信息超多，对家人的惦念时隐时现。忧国忧民忧哥。梦的那维空间，不懂，就留给那三维之外的神秘去解释吧。以诗记之。

26 Mar，2017

画师

如果你不相信天空会作画
请来"郎都地"一游
阶下，冰层均匀地闪烁晶莹
一夜神迹
他掉了几滴眼泪，温度是零
画出了一圈完美的冰场
晨光在镜面上舞蹈
别别别，别撒盐，别化去他的杰作
企鹅一样挪动你的碎步吧
冰镜上加入你好看的倒影，画作
于是有了鲜活的呼吸

今年，他烦躁
更年期似的，忽冷忽热
忽然欢喜，又忽然生气
今天是零下二十度，明天却需要夏衣
这样的冰画，他无数次慷慨赠送
街上黄色的校车不得不屡屡绝迹
孩子们蜷在被窝里欢呼
他还是不停地恶作剧
太阳是他的宝贝
他不能大大方方地掏出来
痛快地去融化大地

很多人的脸上皱起了额纹，口里淌出泥土
连一生居住在北国的老人仰头看天
纷纷摇头，银发混入雪色
嘟嘟嚷嚷："他疯了！"

天空怎样作画，与疯狂无关
冰画、雪画、雨画、太阳画、月亮画、星画、无星的夜画

画笔在他手中或轻描淡写、或肆意张扬
都是他无上的权柄
我庆幸是这幅倏忽变化的立体画中的一滴颜色
只要他愿意，随便放在高山、平地或者海洋
都会恰如其分，我满心感激
在他面前，我俯首称臣
甘心而乐意地去做
这巨画里微小的一笔

又下冰雨了，今天校车没停，孩子照旧上学。天气荡秋千，忽冷忽热。画师是指天或上帝，即便天气如此恶劣，我也没有丝毫怨气，对上帝充满敬畏，满心感恩。

27 Mar，2017

144

食物森林

森林里，一忽做一只素食的羊
一忽变成食肉的猛虎
一忽收拢翅膀在树上栖息
一忽如鼠、如虫、如飞鹰
图片里蒸腾出袅袅香烟
胃，翻江倒海

一周一次，走进这片树林
轻吟浅唱，啾啾鸟鸣
摘一片草，牵一头羊，装一兜松果
虎啸温柔如雨
牛的目光充满哲理

森林为众人敞开
自由如风，在林中奔跑
我是你的宠儿，更是你的母亲
迷路于食物之林，夜深三更
心甘情愿，走不出树林

近来，馋到经常想着吃，幸福感在想象中得到充分满足。一周一次在美卡上订购食品，细细地搜寻、翻页、装进购物车。似乎这些食品已经香喷喷地进入肠胃，很现实的肉体的欢喜。无洁癖，荤素不拒的野心家。这是一片食物的森林。

28 Mar，2017

醒

一个人就够了
凌晨两点半

通风口在左侧轰鸣
蝉噪林静
右侧有窗，夜色浸漫沙帘
漆黑之中，一扇窗灯眼闪烁
那扇窗眼里是否有人如我在张望
猜着一盏灯陪着谁的孤独在亮

一个人就够了，一灯，一屏
翻书，不翻书，键盘嘀嗒
高跟鞋在诗行里行走
袅娜而沉静
不必赶路
急什么，走着就好

手机在充电
震动时滋滋作响
即便一个人
也有整个世界在那巴掌大的匣子里陪伴
甚至一石击水
涟漪无数
一个人，还不够吗

米粒油星滑入下水道
水声潺潺
13 颗鸡蛋咕嘟了 6 分钟，不稀不老
三明治上的羊奶酪吱吱融化
夜里的女人，提前过着白天

一个人的夜色喧嚣
四肢在活动
而思想，正在换季
春天来了

　　睡眠混乱。从晚上 10 点到凌晨 4:30 醒着。作诗一首半，偶尔翻看手机。胡思乱想或者什么都不想。一转成双的家丑外扬兴味无穷。起身，夹了两个三明治，煮 13 颗鸡蛋，哼小曲一首，坐下，继续写诗。如此地迷恋一个人的时光，我是我的，世界也是我的。

28 Mar，2017

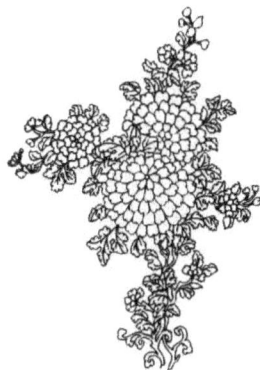

诊断

一千多天缓慢孕育的孩子
交了出去，医生的望闻问切
会给她怎样的诊断？
焦虑，无力形容对她的惦记
母亲的心时刻切切

日子看似平常，却分秒不同
走路时，我想着你
睡觉时，我想着你
聊天时，我想着你
连刷牙冲凉时，你也会突然出现
《中国湖》啊《中国湖》
有病，无病？小病，大病？健全，残疾？
既然合着我的血与汗
有病治病，我要你活

五个月比起三年缓慢吗
冬天最好直接跨入夏天
天使啊，请您为编辑带上超清晰眼镜
还请让她的阅读速度赶上宇宙飞船
我希望您的火眼金睛可以看透她的价值

一个群体的画面
在中国湖的涟漪中
眉清目秀

　　50万字《中国湖》命运如何，不知。忐忑。三年苦写，不管怎样，都要它出版。长久计划。不管孩子好看不好看，她都是母亲心爱的孩子，母亲要她成长，走出家门。

28 Mar，2017

克制

一整天，和它斗争
粘稠的哽咽堵在喉头
柠檬水、茶水、洋葱汤，甚至酒
都无法胜任做这个斗争的武器
粘稠的哽咽堵在喉头，我希望
有一只大卫的弹弓

吞不下去、亦呼不出来
几乎全盘否定
锯齿锯在厚厚的书稿上
第一页到最后一页，一刀斩断
庸长无用，无力驾驭，平淡无奇
一把杀鸡的刀怎可用来杀牛
初春，"世界末日"却在演奏
乐声凄凉，风和着乐曲
从太平洋那边旋飞而来

企图微笑，企图无关紧要
企图不以为然，企图忘却
企图拒绝的一切
正是正在拥有的折磨
无法拒绝

粘稠的哽咽堵在喉头
一整天

　　3 月 29 号凌晨 3 点与 ZYM 通电话。一夜未睡。前夜的期待与猜测，后夜的 2 小时长谈，黎明在参杂着悲哀的凄凉中到来。劝说自己别在意，但想哭的感觉一天不去。难受。

29 Mar，2017

不要怀疑自己

请不要怀疑自己
不要在暴雨淋湿之后害怕雨天
一把伞就能保卫干燥

请不要怀疑自己
不要在鱼刺扎伤咽喉之后不再吃鱼
鱼刺可以去除，拒绝鱼的美味
是你自己的丧失

请不要怀疑自己
你看秋去春来，落叶是新春的沃肥
寒来暑往，阴天从来不会持续
浪谷之后，浪峰必然高崛

请不要怀疑自己
他人的评价应该是动力，不是阻力
外界的忽视，怎能阻止你简单地做你自己

请不要怀疑自己
努力，从来不曾在人类词典中销声匿迹
勤能补拙，古今往来堪能枚举
何况，不拙的灵敏，原本就是上天的礼物
从出生就在生命里使你创造神奇

请不要怀疑自己
汗水已经流成了小溪，十年距离
溪水东流，有一天会变成海的一股
磅礴有力，是海洋不必考证的真理

30 Mar, 2017

方向

站在圆圈路口，不知所措
每一条路都曾经走过
风景各异

小说，复杂神秘的热带丛林
诗歌，远离尘俗的青天白水
散文，温馨现实的小桥人家
古典诗词，雕梁画柱的山水园林
英文诗，伟岸精致的巴洛克建筑

一只羔羊势必会迷路
在文学的森林

一旦进入，必须做出选择
岔路口彼此联通
怎能总是从岔路之间穿梭
每条路只走到一半
另一半的风景未能通晓

走稳一条路吧，小羊
你的博爱应该凝聚成一股大爱
或冲向密林深处，或奔向沙滩
那里有你的食物，不是暂时
是永久

　　写作方向太杂，需要整理思路，制定学习进步计划，确定方向。
进一步聚焦。初步方向：小说和诗歌。今年的诗歌三百首还是要努
力写完。小说计划，待定。

30 Mar，2017

追

追不上奔跑的时间，却执着地
忍不住去追
鞋子跑烂了，就赤着双脚吧
泥土里的血迹记录着你行走的艰辛

容不下爆炸的信息，却执着地
忍不住去摄入
头脑被充满了，就打开一个缺口吧
让无用的拥挤者涌出头脑，四处漫游
只留下单纯的一两位知音

一觉醒来，又是一个追逐的日子
大千世界，眼、耳、鼻、舌、身、意
繁忙应对，昨天，今天，明天
明天的明天

上帝问我想要一个怎样的礼物
我回答：一个
不用去追的日子

5 Apr, 2017

诗歌年

All Poetry 发来邮件说四月是诗歌月
"请加入一天一首诗的行列"
夏时制的夕阳格外延迟
窗前,她冲着夕阳微笑
邮件在屏幕上闪烁

一天一首,是全年的计划
诗歌年,便是她的 All Poetry
不论月,她论年
一条诗歌铺出的道路
走起来,又软又长
一两颗石粒咯破了脚,揉揉脚掌
继续上路

乐谱变成音符从钢琴家的指尖流出
田里的庄稼被烹煎炸炒变成美味摆上餐桌
走出门去,梵高的星空挂在春夜的天上
而情感的动荡,变成了诗句的砖头
去铺满一年三百六十五天的道路

一项独立的工程,只有唯一的员工
设计师、石匠、泥瓦匠、沥青铺路机
全能的匠人面前,一切都是未知
未知的存在,却让她满怀求知欲
求知欲不够,她还要调动创造力
让枯木发芽、衰草逢春
道路两旁莺歌燕舞、花繁叶茂

允许偶尔懒惰怠工，允许节假日
允许舍不得丢弃的残缺青砖也被铺进道路
每一块砖头都是她的孩子
不必害怕缺工短料
她有足够的生育能力
还有修路的热情和一双勤劳之手

时间在走，年底还很远
一条诗路，正在一截一截伸向远方
窗外夕阳已落，又一个黎明
将至

　　看到 Allpoetry 的邮件，才知道世界上不止有着我一个一天一
首的爱诗者。加油。

5 Apr,2017

一块黑布

不接电话，不回答微信，不插摄像头
一个漆黑的大布严实地包裹
撕开它，一遍遍呐喊
求你了，对着黑布低声哭求

猜测，是一种折磨
担忧，是一种苦痛
当你用黑布把自己罩起
你知道有人在想你念你吗
你知道你制造的黑暗能把别人的心
搅起千层巨浪、万尺雪崩吗

恨你的自私像恨持久的阴天没有太阳光
恨你的不在乎像恨久旱的沙漠没有一滴泉水
恨你的爱总是用拒绝和埋怨来表达
恨你说不、不、不
恨你永远用反话来表达善意和关怀

工作时，想着你的黑布
吃饭时，想着你的黑布
锻炼时，想着你的黑布
不行，我必须奔向你
亲手去掀开包裹你的黑暗

噢，你呀你
你酣睡的脸让我心头柔软无语
一块臆想的黑布里是我看不懂的阳光
悄悄地，坐在你身边

我伸出手指轻触你的脸
一块冰玉在指尖下温润如雪
一滴湿润从心尖渗出

别怕无须有的责备
别怕接受来自你的冤屈
别怕可能的争吵
别怕……

你的平安就是我的慰心丸
一切曾从你的肚腹开始
黑布罩不住生命的疯长
你无法拒绝你的延续，我
正在黑布之外的世界延续

　　母亲不理微信，关闭手机，摄像头断线。我在焦虑中度过几个小时，不得不放下一切前往探寻。她只是在颠倒的时差中酣睡。关于必须连通与我的联络的提议，遭来训斥。我却因此心安，母亲的平安，就是我的幸福。

7 Apr，2017

156

用眼睛说话

上帝造人，原本是让人用舌头说话的
可是时代悄悄拿起了手术刀
被阉割了舌头的人们
用手机说话，用邮件说话，用自媒体说话
面对面，所有的头颅都低垂专注于手掌上的屏幕
眼睛代替了舌头，不会发声
面对面的你我他
无声无息

坐在人们面前，紧紧盯着一张张陌生的脸
我也想用眼睛说话，是的
是那种眼睛对着眼睛的对话
用目光说说友爱，说说关怀，说说祝福
说说欣赏，说说同情
我想在眼睛的对话里听到理解、安慰，爱
还有冰冷的屏幕里看不到的叹息
一声饱嗝，半声咳嗽

我确信，两种不同的语言可以从同一对眼睛流出
一种，在电子世界的马拉松里喊着绝不掉队的号子
一种，持久地倾吐着对人类淳朴本性的依依恋情

用眼睛说话吧
我要把那半声咳嗽当作书签，夹进
电子书的大数据库里
哪怕被排挤得无影无踪

　　如果不想掉队，你就无法抵挡屏幕的诱惑与阻挡。可是，你是怎样地怀念没有电子产品时代真实人类世界的单纯交流啊！用眼睛说话，说的是现代社会追求冰冷现代与保留淳朴温情的矛盾冲突。

7 Apr，2017

诗歌的小船

登上了小船，形单影只
陪伴我划向海洋的，除了风，还有苍鹰
即便风发了脾气让海洋翻腾起舞
即便苍鹰厌倦了单调无趣的旅行弃我而去
我也不准备上岸

登上小船，就走上了不归路
岸上的灯红酒绿渐远渐去
我是富翁，拥有剩下的一生去品尝海洋的莫测
丽日晴天，暴风骤雨，巨浪的挑战，鲸鲨的攻击
美人鱼不是安徒生的童话
她的歌声会被我的小船满载

一条载着歌声的小船颠簸在无边广大的海里
桨，划不划都没有关系
天，蓝不蓝都没有关系
水，绿不绿都没有关系
孤单的航行，是唯一的目的
体验四季变换，体验风，体验水
体验波涛，体验海洋的莫测以及动荡的内心
整个海洋上只有一颗人类的心在跳动
心，于是大得占据了整个海洋

即便翻船，也是船的一种形式
被海浪拍碎的不仅是木制的碎片
还有变成泡沫的歌声和肉体，灵魂
在海涛声中永恒

在把生活变成一首写不完的诗。生活是海洋，诗是船，风是助跑器又是变幻莫测的困境，苍鹰是文运，歌声是运载的心灵密码，不朽的精神。有这条船，此生无求。

7 Apr，2017

沉默的观众

台上，烽烟四起
台下，一对凝神的眸子汪着眼泪
故事，在台上发生
时间，在台下如东流之水
冲涮着匆匆而去的生活

辞别了演员生涯
看戏，不是爱好，是毛病
只是默默观看，连熟悉的小曲也不哼一声
有人起立鼓掌，有人上台去和演员合影
有人在第二天便从观众升级做了演员
微微一笑，你穿梭在密集拥挤的演员与观众之间
悄然离开

沉默，不是死亡
是掩藏，藏着什么
只有你一人知晓
一个写不完的剧本正在持久地写着

散场时繁星闪烁，路灯把身影拉长
一个人的散场，在夜晚如泣如诉
你自言自语：
任何一场戏总会散场
心里这部戏永不散场

　　现实世界与电子世界的嘈杂多像舞台？做个观众心满意足，无心登台表演，无心聚焦。常常把自己关起来。观戏是为了向内求索，用观望到的思想丰富思想，即可摄入、沉淀、凝聚。越来越喜欢孤独地写属于自己的剧本，这是一个快乐的宿命。

7 Apr，2017

享受天赐

纤瘦，是上帝赐我的礼物
五十载相伴相依
有没有健身房与游泳池
它都不肯离我而去

人们用羡慕的目光赐我满足
像旱地满足于一场大雨
滑雪健将满足于一片厚雪的山坡
婴儿满足于母亲塞进口中的乳头
你可知道
天降大雨顺依天时
厚雪覆盖的山坡一定停在世界的某个角落
母亲肿胀的乳房本来就是为婴儿而预备
自然的一切，不需努力就把礼物拱手相送
我们只需去享用，再努把力
学会去珍惜

双臂环抱，拥抱自己
对于不需要流汗与节食的成果
心存感激

7 Apr，2017

承认

这不是将来时
是现在时
青丝里银丝乍现
眼角甩着鱼尾
肩膀与膝盖时常发出呻吟
话题从理想转移到如何随遇而安
饮食与养生成为关注对象
退休金的用途也经常挂在嘴上
不再抱怨争吵，不再不满现状
一切都朝着那里，从出生
就开始直线延伸的固定方向

承认着不愿承认的现实
鼻梁上很快就要架上一对阅读的眼镜
肢体的呻吟会越来越响
还会在不应该的时刻打个不应该的盹儿
在不应该的时候罗嗦不应该的话儿
应该的一切已经属于年轻的一代
你的一切都似乎不太应该

春天的绿叶经历过夏天
在秋天黄去飘落
蹒跚学步的幼儿学会了奔跑
再学会稳步前行
最后放慢脚步
甚至学习从一只龙头拐杖借力
有一声陌生却沉重的叹息
在时间的缝隙里响起

春夕
我看到了秋实尽落后的金黄

树上正在泛出嫩绿的青芽
一个还没承认衰老的灵魂
在冬雪的融化中
提前
注视着深秋

　　明显感觉到精力不够用，每天做一两件事儿便心有余而力不足了，这儿疼那儿疼，容易疲倦，肉体也无法隐藏衰老的进度，皱纹、白发、花眼，不得不承认衰老正在悄悄光顾。多思。

7 Apr，2017

奉献

火山脚下的沸泉蒸腾
沉静的积蓄，为了一秒钟的突发
天柱耸天，围观者慨然叹息
天红了，水沸了，人心惊诧了
长久的沉默是为了爆发
燃烧自己，喷射自己
为而弗恃
功成而不居

目光所及，万紫千红
超大的热量
让春天提前来临
春天来了
火山冷却
天地安详如常

经常闭关，悄无声息，修身养性，空谷幽兰。偶尔展露奉献天性，这次挑头联系驾校群够，热热闹闹服务大众，竟召集了 40 与人，变成 70 余人的群主。可怜天下父母心，成人之美，自美也。虽忙碌，劳心劳力，乐在其中。

20 Apr, 2017

寻找

曾在青春里寻找，飘扬的理想
在黄土高坡上旗帜一样飞扬
爱情的微风光临
旗帜抖出绸缎柔软的微痕
期末大考的雷雨降临
旗帜低垂，湿淋淋流了满地
汗水的歌吟
那个春夏之交
狂风骤起，仰着脸走上汹涌的街头
旗帜上呼啦啦地飘着"自由"

曾在他乡寻找，一辆吱呀作响的车子
从东方径直驶向西方
车上装载着家的重量
婴孩的啼哭在怀里嘤嘤
伴奏，使车轮的锈迹尽消
少年的成长变成润滑油滋养着轴辙
白云停下来俯视枫树下的停车场
红蚂蚁、七星瓢虫，甚至乌鸦
时常让人头痛，但玫瑰
在花园里成群绽放
时常风雨蹂躏，花瓣洒落成泥
明年又来，明年又开
停车场上有辆旧车，房子宽敞明亮

仍在寻找，找花开花谢的原因
找风的起点，找雨的故乡
找黄皮肤的五千年
找白沙滩上正午晒红的胸膛

找一只昆虫在地洞里的梦想
找一只老鹰能看见的远方

不愿承认，寻找的路上
自己，是一个无解的答案
找不到自己，就一直会在
心路上游荡

　　时常面对自己，不知所措。从黄土高坡一路走到这块红枫土地，自我认定的漫长征程，令我坚持地走着，走在一条寻找自己的路上，享受着寻找的乐趣和孤独。

26 Apr，2017

国庆

我用三十年去测量
五千年的长度，一百六十六年才能量完
我用二十年去测量
一百五十年的长度，需要七年半
算数运算中，爱
成为一段不同长度的距离
情感运算中
二十比一百五十与三十比五千
相等
前三十年的养育
被动的生长摄入
后二十年的成长
主动的寻求

不想说我不爱你，五千年的长篇史诗
不想说我爱你更多，一百多年的青葱岁月
生母，裸露着沟壑纵横的面孔遥遥凝视
伤痕累累
她用鲜亮的外衣遮住了流血的伤口
继母，表里如一
她用温柔祥和的目光抚摸现在与未来

伸出拥抱的臂膀
一滴清泪
从枫树流下
春天时分
糖浆甘甜如蜜

别假装你还认得老家那条熟悉的马路

别拒绝承认村口的大树生了蛀虫
别掩盖你被继母的温善驯服迷醉
不是三心二意
是二十年的感激

荣耀地让二十比一百五十高高登上骄傲的算式吧
春风很快就把七月一日唤来
扛起你的等式吧
在回望的泪眼婆娑时
你有大大方方欢笑的权利

　　喜迎加拿大 150 年国庆，这个第二故乡使我产生身份认同的些许彷徨。可以把祖国比作生母吗？可以把这里比作继母吗？即便诗句已经成型，我仍感冒昧和不安。远离故乡，在加拿大安居乐业。二十年来，我以旁观者的目光遥望家乡，以全部热情以参与者的身份在他乡建筑生活。告诉自己大胆地承认爱上了这块新的土地，不应该感到羞耻。

26 Apr，2017

167

没有指挥的讲堂

知无不言，语焉详实
村庄里千门万户
鱼与龙同时飞跃翻腾
我被海的喧嚣淹没，沉了又浮起
各色海草在波涛中涌动
一根腐草不小心入口
想吐出腹脏

寻求真理的道路
为什么迷宫一样复杂多叉
热爱自由的追求
为什么九曲回肠
争论变成谩骂
谩骂令人兴奋异常
为什么争吵能够持续如常
看热闹像久旱中捧着一碗冰激淋
戾气横流
有人三观莫名愉悦
颠簸在潮涌潮落中
请抓住那根木橼
不要放弃方向

没有指挥的乐队在吹拉弹唱
拥挤的声音中可否辨别小号的鸣响
提琴的高音发出嘶哑的挣扎
我想寻找萨克斯风
却找到了一声铜锣

即便有很多响亮的铜锣
也要继续演奏
铜锣的激昂爆响无法遮掩

提琴的委婉动人
在一个无指挥的乐队里
一枚小小的蝌蚪音符
随处蹦跳
勾在提琴的高音弦上
轻轻摇晃

27 Apr，2017

接近百首

用数字连接生命
新的算式里盛满诗歌的芳香
当算数与诗句成为伙伴
树叶与树的关系变得明确
没有满树的叶子
树便不再是树

诗人用数字测量生命之树
每首的叶子都有独特的算式
满树的叶子在春天冒头
秋天衰落
生命更替，叶生叶落

谁也没有数清过一棵树的叶片
我要破例数到一百
四月的月底，有人
用数目测量树木

　　从十二月底开始计划今年的诗歌创作，原计划一天一首，显然远远落后，落后者不等于没有前进，脚步稍慢而已，乌龟也走完了赛场。四月底达到 100 首，尚差三首。我在用诗歌思想，每首诗是叶片，诗树是我人生的理想。

27 Apr，2017

花盆里的春天

一把小铲，一双泥手
弯腰收拾冬的残局，信不信
搪瓷盆里装着旺盛的春天
拼命地吐出新芽
哪怕紧闭门窗
你们也能在室内接受春的统一指令：
孕育的时间已到，请快速生长

我把画室变成了暖房
春天于是坐落在眼前
嫩黄的针叶堆满云竹
绿云烟霞，成就了一幅立体新画
颀长的文竹又拱出了新枝
笋尖的倔强挑战着前辈们纤细的腰肢
连十五年的巴西木也迫不及待
想冲破房顶去直接加入春天

急急忙忙挤进立体画的
还有我的泥手，我在
触摸春天

　　把楼上的画室搬到楼下，几株高大植物有了专门的房间，家，立刻变成暖房，被春意充满，健康的生命生机勃勃，每天无数次从它们身边经过，如同在室外行走，有森林环抱。

30 Apr, 2017

春，你可曾听见

早在冬季就开始对沉睡的你自言自语
告诉你我的那些玫瑰花和蓝绣球
移栽的玉簪草和薄荷苗
告诉你我脆弱的腰部和膝头
为你无数次弯腰与下蹲
告诉你我总是紧张的时间和装满时间的计划
告诉你那些无休止的盼望
告诉你我曾在你怀里一遍又一遍修复疲惫和不安
告诉你我如何和小草说话，听风儿歌唱
告诉你我心中爱的满溢
无数次流进了花园草坪
与你的子女做爱
我被你的艳阳暖晒
身体的每个角落被你细致地爱抚

此刻，站在窗前
我看你用最大的花洒浇灌世界
湿淋淋的除了泥土，还有我的眼睛
对你说话
告诉你，每年这一次遇见
我总想参与你
变成一根最不起眼的细叶
混在遍野的绿里
拥抱着你却不被你发现

这一切私语，你可曾听见

　　春天终于来了。今冬天气一直在荡着秋千，冷热变幻无常，你的到来似乎比往年沉着。小雨淅沥，想起冬天对你的盼望，忍不住对你轻声诉说……

30 Apr，2017

当你离开

两年来，你常常插上那对钢铸的翅膀
钢鸟飞过的划痕在我仰头张望时
无影无踪
一片白云留在天上
一片牵挂留在心上

永远不会习惯你的离去
习惯了阳光普照，就不肯习惯阴雨天
省去一双碗筷和一盘菜
增加一份念想和一份期盼

当我在诗里把你变成句子
你用滴铃铃给我送来惊叹号
一天一次的对话没有过厌倦
不必要的话说了又说
不必要的叮嘱一遍又一遍

你的东西在手边
你的味道在唇畔
你在我的诗歌里行走
在我心里分秒流连
何曾离开
你何曾离开

　　你时常出差瑞典，你的离去给我带来思念，多年来，但凡分别，一天一个电话成为习惯。电话里不言不语的你一如既往地不言不语，可我知道，我们是一体，不弃不离。

30 Apr，2017

173

当我写完一百首新诗

当我写完一百首新诗
降水量将要突破历史记录
天忙着下雨，河流忙着流淌
人们忙着日升而作，日落而息
谁也不在乎一百首诗有什么了不起
诗心的跳动只有诗人听得见
它的心律不齐只有诗人受得了

一百首，当然了不起
了不起，如同运动员跑到了又一次终点
了不起，如同化学家完成了一次成功的实验
了不起，如同厨师发明了一道史无前例的佳肴
了不起，如同昨天的女孩今天长成了窈窕淑女

当我写完一百首新诗
诗人的生活刚刚拉开序幕
天忙着下雨，或者晴朗
河流忙着流淌，或者干涸
诗人忙着什么呢
写诗，像下雨一样倾泻
写诗，像河流一样流淌
写诗，写诗
继续写诗

四月底完成 100 首的计划如期完成，给自己一首纪念诗。今年的 200 首，以此速度，一定会完成。当诗变成了我的热爱和职责，我深感超脱尘俗的幸福。只要思想，就想变成诗。

1 May，2017

174

神话

森林里，不怕做那颗最高的树
被飓风刮断
大地上，不怕做泥土
被众人踩踏
海洋里，不怕做一只小木船
被海浪掀翻
高山上，不怕做岩石
被千年的风雪抽打
电子世界，不怕做一株野花
被高楼大厦淘汰
书房里，不怕做一方镇书石
被安静地搁置

不怕偏见，不怕成为异类
不怕在奔跑的队伍里独自缓慢行走
你看，即便没有门窗与围墙
也没人闯得进来
这块属于陶渊明的神话
不在外面，在心里
迷路的不是神话，是人类

2 May，2017

春（组诗）

挡不住的风

绿是不能再绿的绿
红是不能再红的红
孩子们三五成群
旱地冰球在街上滚着
零星的残雪可怜地坚守着即将消失的命运
狗们都出了门
颈项上即便有着绳索
也会在遇到同类时猛烈蹦跳
主人的脸松弛地笑着
和陌生人的目光一遍又一遍碰撞
不知所言的三言两语
说了什么无关紧要
为的是说了那几句

车子脱去了盐渍包裹的冬衣
载着减了肥的轻松与骄傲
迫不及待地驶向步行街、湖畔、林荫道
有人敞着车窗
把喧闹的摇滚乐扔进路过的耳朵
别皱眉，你应该张嘴笑一笑
这是个应该阳光明媚的季节
请用阳光明媚的心情来搭配
如果有乌云，请用风来吹散
心情，是那股
挡不住的风

上帝之棋

清晨，你在东方画出几抹红霞
鸟鸣肆无忌惮，直接冲进梦里
睡眼朦胧的孩子嚷着要穿短裤上学
妈妈推门看了看，"还冷！"
连哄带骗地在橙汁里加了一勺蜂蜜
校车走了很久，她还在挥手
抬头看了看，干枝上
发满了急急忙忙的嫩芽

中午，你把几片白云铺在天上
一位老人推着另一位老人走进了公园
轮椅吱呀，他的几根白发挡住了视线
她伸出手指轻轻把它们塞进帽檐
一只水鸟停在面前
丝毫不准备让路
他萎缩的细腿故意从脚踏板上挪开
拖着路面
她摇摇头停下来，"淘气！"
蹲下身体把那只脚放回踏板
悉悉索索从口袋里掏出一袋面包渣
鸟儿饱了，继续上路
再拐两个弯
就是那个住了一辈子的家

傍晚，你把西天弄得很红
开车下班，忍不住用目光亲吻晚霞
零星的蒲公英已经在高速公路两旁绽放
铺面而来的是太太的笑脸
吊在脖子上的孩子一天长了两寸
汉堡包不堪牙齿的分解，她大声询问
"什么时候能吃烧烤？"对望，他扔下碗筷
就在厨房外对烧烤炉进行了一番观察

"明天！"
　一只松鼠也听懂了似的
忽然兴奋地窜过
一转眼就攀上了树杈

入夜，你用星星在天盘上、用灯光在地盘上
下棋
房子的灯光渐次熄灭
星星不战而胜
"周末有很多活儿干。"妻子呢喃。
"是啊，你的花园要醒了。"
你伸手扭灭了床头灯
黑暗之中
玫瑰树悄悄在露水中发芽

上帝笑了
他收好棋局
顺手把黎明之光
均匀地撒下

　　这是春的一天，虚拟的平凡人家，郊外中产阶级的小日子。
上帝就是这样把季节、风景、人、生活安排得十分稳妥。一切都
在他的手中，不管你是不是他的子民。

2 May，2017

一个人的音乐会

雨刷奏着贝多芬的生命交响乐
视线模糊，这是一场
移动着的专场音乐会
铁匣子里一切都在放大
乐声振聋发聩
独自专注地倾听
哗哗，刷刷，刷刷，哗哗
高速公路上水花四溅

广播里宣布降雨量破了春雨的记录
你用持久的洗涮洗净冬寒
绵细的雨丝垂下无数琴弦
车辆分开大幕
以速度弹拨丝弦

雨雾中，一个人的音乐会正在上演
车，是琴手， 我身兼观众
天，挥着无形的指挥棒
哗哗，刷刷，刷刷，哗哗

2 May，2017

园丁

苏醒的季节
积攒了一冬的热情如同温度
天天高升
热胀冷缩不仅适用于金属
它更适用于人类
天冷时蜷缩在家
天热时出门找风、找太阳
她低到地里去了，即便带着手套
泥土也深入指甲缝
如果在指甲里播种种子
过几天就会长出一朵喇叭花
一挥手，就有春歌从喇叭里播放
还有那弯曲的腰肢
持久对大地献上礼拜的恭谦
给自然敬礼，对生命膜拜
腰酸了算什么
一园春色，鸟语花香
是治疗一切病症的精神食粮
你看见她从泥土中抬起的头了吗
两朵红玫瑰正开在面颊
明眸中流出
春水一汪

03 May，2017

等待播种

维克多利亚节是一个分界线
一边是霜寒踯躅，一边是春暖艳阳
别心急，不管是发好芽的西红柿、黄瓜
还是等待直接入土的豆角、玉米和葵花

我每天都在和大地和天空对话
问天可不可以不再下霜
问地可不可以不去冻结
我还和手里的种子说话
告诉它们春天已经到了，近在窗外
日历正在翻页，两周后的那个节日之后
你们有多少热情
都可以到窗外去抒发
耐心，是上帝给你和我的宿命
一日有一日的天空和土地
你们就得学会一日又一日的等待
该生才生，该发就发

我还和自己不停地说话
按下春心里焦急的盼望
让所有可以下种的种子列队成行
芝麻粒的花籽与指甲大的豌豆粒
一遍遍翻出来，一遍遍又放下
园丁啊，即便是初春
你已经在这些微小的颗粒里
看到的秋收的金字塔

安省的习俗，每年 Victoria 节（维多利亚女王日）过后才可能不再有霜冻，植物才能够在户外种植。喜爱养花种草的我不得不耐心地等待播种时刻的到来。

4 May，2017

战斗

开春，战斗将要开始
厨房的抽风机口安装了防护网
洗衣房的通风口却传来清脆的鸟鸣
它们的歌唱与晨光一起撕开夜幕，问候早安
房子的主人啊，你要怎样在一个屋檐下与鸟们
和睦相处？

开春，战斗将要开始
当主妇把葱花丢进油锅，第一股香气缭绕如烟
蚂蚁的前哨部队不请自来地登上了灶台
它们大摇大摆地循着蛛丝马迹找到目标
垃圾桶是它们的最爱
那里充满他们黑色盔甲的招摇
主妇啊，你要怎样在一间厨房与蚂蚁们
和平共处？

开春，战斗将要开始
当露台上的凉桌凉椅兴奋地摆放
鲜艳的七星瓢虫们早已严阵以待
趁着高朋满座、笑语喧哗
它们在你们脚畔开起了舞会
乡亲啊，你要怎样在一张露台上与花大姐们
一台共舞欢歌？

开春，战斗将要开始
当菜圃里的嫩芽初露头角
野兔们的情报员已经从几条街外闻出食物的信息
它们翻墙越户光顾你的小院，对你劳动成果的青睐
将要让你的整个春天和夏天无可奈何
园丁啊，你该怎样与肥硕的野兔们
分享你的瓜果蔬菜？

开春，战斗将要开始
当孩子们的笑声占据了公园的草坪绿地

加拿大鹅也昂首挺胸地成群入驻
抬脚，请小心粪便
行进，请小心它们自卫性的攻击
游园的人们啊
你们要怎样与这些暂时不去飞翔的鸟类
共享公共空间？

开春，战斗将要开始
一场和平的战争，没有硝烟
年复一年，持续上演

生活在这个森林绿地四处环绕的国度，人民对动物友善和睦，一座座木头架构的房屋使动物极易侵入。人类与大大小小的各类动物共享自然与非自然的空间。当不该出现动物的地方出现了太多的动物，战争不得不开始。学会如何与这些动物和睦相处，成为每个居住者的必修课，无论你是爱着它们，还是恨着它们。

7 May，2017

183

大水

天空湿淋淋地一直不干
河床不够深了，大水漫上岸来
汽车淹了，地下室淹了
河边的人家不得不迁移了
学校关门了，医院的非紧急预约取消了
政府大楼休息了，而天空
还是很湿很湿

社区中心成了临时避难所
新闻像海边的水鸟一样在水边成群结队地飞
冲走的汽车里三十七岁的父亲
三天后浮现在五百米外的河叉
而三岁的女孩儿还杳无踪迹
很多人必须在心里高筑堤坝
防御眼泪之河决堤

一个一百年没见过洪水的城市
在初春的五月，目睹了
天水合一

　　加蒂诺、蒙特利尔等等近河处都处于紧急状态，学校停课，河边的人们被迁移，一些水边的人家，在消失。多年不遇的水灾，人心惶惶。

9 May，2017

辟谷

拒绝食物就是拒绝人类最基本的需求
战胜饥饿就是战胜人类最艰难的诱惑
胃在休养生息
酮在响应调动
肝在积极运作
伫立多年的墙壁上粘着那么多污浊物
它们正在零星脱落
血液快速运转
搜刮着沉积的脂肪和毒素
它流遍了每个几角旮旯
残次细胞被无情地消耗

脸儿赤红，阳气冉冉上升
风暴还在进行，你知道
大风过后，风沙尽去
天空将会万里无云，只剩下
晴朗

规律辟谷禁食，今年第二次。这次准备至少两天水辟谷，只喝水，一天一杯鲜柠檬水，如有活动，加一个清澈果汁或清汤。Ketone（酮）指标到 4-8 之间停止进食。笃信定期辟谷有利排毒健身养生保健，同时减少各种活动，读书，净化精神。精神肉体双清洁。人为的、主动的抑制性重生体验。

03 May，2017

你病了吗

臆想的爱情野兽一样穿过屏幕扑向你，它的利齿
把你的眼睛咬得紧紧的
把你的心思咬得紧紧的
把你的时间咬得紧紧的
把你的心智咬得紧紧的
你不肯吃药，失眠的雨夜游走雨中不肯打伞
你拒绝治疗，暴涨的河滩不会游泳不准备救生衣
我想在雨夜里拉你回家
我想去河滩送你一只小船

无意中你透露了你的病
一个简单药名，你不懂得去查维基百科
不得不惊诧于智障与聪慧在你身上同时存在
不能不感叹于正常与疯狂与你相伴不离
你病了
我哽咽着拒绝承认这个事实
你病了
我双臂环绕着自己好像环绕着你
让我怎么帮你
你告诉我

你不知道你病了，你的他也不承认你病了
我与你的他邮件长谈，一无保留
后来，你的他以沉默否认一切
后来，我的关注以沉默告终

假如上帝让你以病态去对待生命
我没有权利和义务以医生的姿态治疗你
一团乱麻缠绕着这个混沌世界
谁能说自己是正常者、他人是疯子
也许，你真的不能算是病了
和病了的世界不能算是病了一样
病不用治了

和世界一样

让我背转身去吧
装作看不见病状
一切正常

她是真的病了，可我帮不上忙，没有义务，没有责任。在你最亲的人不想让你面对现实的情况下，一个久远的好友有什么办法可以让你面对现实，面对疾病？但我心痛！我希望你的病和世界的病一样，只是一种自然现象。

7 May，2017

属于你的日子

在这个本该属于你的日子
忙在灶台边，窝在沙发上
窥视着纷争的群落，浸泡在诗句里
手里织着一个可织可不织的毛线毯
耳朵听着那块久违的土地上思想喧闹的声音
运用着 Multi-tasking 这个早已不再新鲜的本领
秒针走过，分针走过，时针走过
你，不在我身边，也不在我心里

我却在此时写诗给你
告诉你我在这本该属于你的日子
属于了世界和人类、故乡和此乡
你的钟声响在教堂的钟楼里
隐隐约约，回响在我心上

不承认我从你的道路上出了轨
也不是为了向你忏悔
坦白，如果是一种真诚
我现在正把它献上

　　周日，没去教会。有一阵了。我需要时间。厌倦了各个教会勉强支撑的状态和变动频繁的人事状况。只想在这样一个日子安安静静地做自己，做喜欢的事，或者什么都不做。虽然似乎在和你疏远，我却在这个日子里写诗给你，实现一种模糊的表白。

7 May，2017

如果我是桑丘

如果我是桑丘
我会和你一起冲向风车
大战巨人

如果我是桑丘
我会和你一样节食
依靠理想延续生命

如果我是桑丘
我会偷一匹大马
稍慢一点儿，伴你左右

如果我是桑丘
我不会藏起金币
会学着你的模样散给众人

如果我是桑丘
我不会去做岛上的总督
会比你抢先拥有那个脸盆做的钢盔

如果我是桑丘
我不会贪吃贪喝贪财
我宁愿与你一样做个原野上的贵族

如果我是这样的桑丘
桑丘就不再是桑丘
如果我是这样的桑丘
就不会有塞万提斯和永世的唐吉珂德

失去了现实与俗世的桑丘
唐吉珂德的光辉会猝然泯灭
塞万提斯从世界文学的高塔上跌落
而我，回归尘埃

别去做这个假想的桑丘
背上千古骂名
别让英雄去毁灭
别让一位文学家失去伟大的贡献
所以
我绝不能是这个桑丘

在 youtube 上听耶鲁公开课，唐吉珂德。去年读完，拖拉到现在。慢慢把这门课学完。桑丘的现实主义与唐吉珂德理想英雄主义的冲突是全书重要组成部分，而我，如果变成了此诗中这个桑丘，这种冲突将不复存在。太喜欢唐吉珂德的理想主义了，简直着迷。所以有了想跟随他勇闯天下的幻想。

7 May，2017

催眠

仅用声音就掠夺了清醒的神志
把指令种进眠者的头颅
种子发芽，你让它朝左生长
它就坚决地朝左生长

科学证明，人类只有十分之一的智力被开发使用
用另外那九分藏匿秘密
有的人说睡就睡了
干脆不要什么预备
有的人怎么都不睡
他们在把玩想象力

人类，在不安、饥饿、侵略、争夺、战斗中生存
左与右的摇摆舞从未停止
美国大选刚刚报了冷门
法国总统又一次引发街头巷议

人类是醒还是在睡？
半梦半醒的大多数
在梦游中度日
摇摆舞会一直在跳下去
催眠者
在天上发笑

　　看了两个 Ted 上催眠者的现场演讲和示范，Hypnosis（催眠术）到底是不是假的？愚昧的人类无法了解自己，这种恐怖的被控制表演让怀疑之树枝繁叶茂。我相信这种神奇，相信灵界里存在我们的肉眼无法看到的秘密。由此想到人类即便醒着，还不是如同半梦者无知无力的摸索着一切？比如现今混沌的社会与世界……

7 May，2017

五月雪

这是你冰镇的眼泪吗
天，你怎么了

上周，阳光下早醒的郁金香已经出莛开放
提前进入夏季的，除了草地与花朵
还有街上裸露的胳膊和大腿
人的眼与人的心在一起摇晃
春被摇得颤抖了，流下很多眼泪

今天，你却逼着人们把收存的冬衣翻出来穿上
阳光很亮，轻飘飘的冰镇眼泪
落在仰望的脸上，瞬间融化
一滴水就这样流下，不是冰镇的
是真的泪花

这块幽默的北方土地
擅长把时间颠来倒去，然后在时间的缝隙
随手抛出一个又一个惊奇
加蒂诺的河水仅仅两天就漫过了安全线
这飞扬的白雨又把露出的皮肤包了回去

天，我知道你非常喜欢玩耍
人类，只是你手里的一种游戏

　　五月飘雪，阳台上薄薄一层。落地窗十分明亮，雪花斜着飘，似乎飘进了家里。丈夫叹过，小女又叹。我不抱怨，在心里做诗，感慨天的莫测与神奇，人类之渺小，不过是它的游戏。

8 May，2017

畏惧

人类需要畏惧
做了坏事，畏惧惩罚
不仁不义，畏惧报应
说话伤人，畏惧反击
违背伦理，畏惧可怕的结果
以恶为善，畏惧恶会伤及自己

可人们似乎已经忘记了畏惧
要什么约束，只要我行我素和随心所欲
于是，良善萎缩如干草
真理如污浊的银器
战争来了，霸权来了，经济风暴来了
歧视来了，杀戮和饥饿都来了
北冰洋的冰山在融化
炸弹在某处激烈轰炸
年轻人跑去参加圣战了
难民大规模迁徙
很多的我和我们做着自己想做的事儿
很多的我和我们于是成了敌人

8 May，2017

撕裂

有一年，铁匣子在一个晴朗的下午
变成了三明治
两辆车的接连亲吻
为一个肢体迎来了三年的匍匐生涯
天，持续阴着，乌云密布
精神发出疼痛的呻吟
夜风吹得木头房子哗啦啦乱响

又一年，雪山上一个矫健的身影
腾空一瞬，雪板分离
膝盖在空中发出金属的声响
高山从此换成了平地，手术台上
医生如木工，刀、钻、锯子一起来修理行走的工具
两年后，一只苗条的绵羊
每日在林间疾驰十公里，无人知道
她拥有山羊在山巅上单脚独立的骨气
木工发出了惊讶的感叹

这次，睡眠时有了鬼魅的呓语
别动，让我在你的左肩埋颗炸弹
每当你躺倒或起身，它就会引爆
连穿衣也让你呼唤天地
五十肩的民间故事你只需稍作复习
就小心翼翼地跑进了健身房和游泳池
生命在于运动，是一种不用验证的真理
超声波却不由分说把肢体察看仔细
电话里护士的叮嘱响如雷鸣
7 乘 7 的撕裂，4mm 的间距

夜的降临
有时并不遵循规律
一朵春花在草坪里嘲笑身边的纤草

谁让你天生是草、不是花
纤草随风摇摆，摇出风中的袅娜
花啊，你有你壮硕的芳香
我有我纤细的美丽

　　首段写 2003 年的车祸，腰颈严重受伤，三年后方愈，肉体与精神经历折磨。二段写 2012 年二月滑雪滑断膝盖，做了 ACL reconstruction（前交叉韧带重建）手术，术后长跑，两年后恢复正常。三段写这次三月份左肩疼痛，平躺最严重，无法起身、转身，穿衣困难，本以为是五十肩，却是肩周主韧带撕裂。家族遗传，筋骨薄弱，加上健身房运动，造成撕裂。一次次受伤，一次次挺过来。这次仍然乐观，淡定地做个纤草，不去羡慕花儿的健壮。

9 May，2017

195

等

静止在时间的缝隙
面对 54 号车库，左边一根邻家灯柱
右边有树，蒲公英为草坪提供着数不清的浪漫
经过的同学抬了抬头
目光清澈，似笑非笑

车窗半开，阳光不做选择题
任意晒在每片衰草与嫩草的叶片上
坐在车里，心被晒得很暖
我对嫩草说你好
对衰草说再见

一年四季，静止在很多这样的时刻
琴声被关在隔音良好的乐室里
心灵之鸽在寂静中缓慢飞翔
雪白的翅膀忽闪出北冰洋的洁净
思想如繁星
与明亮的阳光斗艳

这世间缝隙，如满载食物的篮子
满了，被消耗得空掉
然后再次填满
循环往复，永不止息

　　带大两个孩子，很多时间奔忙在接送孩子去这里去那里的路上，很多时间在等待孩子的活动结束中度过。我在车里读书、写作，或者小寐、发呆，或者思想。这是贝贝吉他老师的家门口。初春的下午，宁静的一切使我深感满足。

9 May，2017

蒲公英

你开在最低处，紧挨着土地
用最纯粹的黄色搅乱最纯洁的绿色
一味拼命地繁殖、开放
你从来不懂得人们的厌恶

人类制造了各种各样的制剂来消灭你
还有长长短短与你战斗的工具
不用费力，你就把漫山遍野的鲜黄色送还了回去

舌头诅咒你，有人干脆掐断你、洗洗切切咀嚼你
你却在一转身的瞬间，又爬满了你想去的地方
只要有风，你就随风随意

也许你的存在是为了给人类找个标的去恨、去斗
去埋怨、去聊天、去研究新技术、去杀了你
你却使用最轻的飘扬打胜了无数场战役
当然的胜者，非你莫属
你却永远不攀爬高枝
你只迷恋土地

　　又到了和蒲公英战斗的季节。蒲公英旺盛的生命力让草坪无法健康地保持碧绿。我对你的情感如此矛盾，一边恨着你，一边深爱你的无与伦比的生命力。

10 May，2017

织

一根线，世纪般漫长
在两根长针的舞蹈中
创造一个温暖的平面
它的暖，能驱赶身体的寒冷
还能让心脏脱离孤寂，当你
细想每一针里植入的爱与惦念

淡淡的七色彩虹点缀着单调的洁白
生命何尝不是如此
时间的长线织出一面生命图画
平淡中有许多酸甜苦辣咸
淡淡的七色彩虹点缀着单调的洁白

这是送给你的，孩子
用完这根长线，我将开启另一根
为你的妹妹继续编织
一人一片相同的温暖
是妈妈无声的两片吻，当你们需要
就来驱赶生中的寒冷

　　这是个不必手工编织衣服的时代，我的编织能力变成了一种习惯，也成就着 Multi-tasking 用眼用耳时不让手闲着的作用。我织毛线毯。两个女儿将一人拥有一个妈妈亲手编织的毛线毯，在未来的日子里，不管妈妈在不在，都可在毯子里看到妈妈一针又一针连起来的心意，从中索取这取之不尽用之不绝的温暖和陪伴。

11 May，2017

河流何处流？

很久不写散文
不用语言细致地描写真实
不对屏幕温柔地说话
不让世人知道自己生活的画面

三年苦写，五十万字如一条河流
一字一字经过一寸又一寸红枫覆盖的土地
融汇在"中国湖"
以静止的状态留在硬盘里
偶尔被调出，在屏幕上随着目光流淌
骄傲地提醒主人
你曾经用心血制作过这样一件巨大的工程
这个时代中产移民生活的模样
在湖水中、湖边上、湖园里沉着展现
它是否将永远守在硬盘里
未来不肯泄密
我渴望看到这坛湖水
成为优美的原生态景区
有一条暗道
通往那条不会断流的写作之河

未来到来之前
我用诗句填空
填充失去方向的空落落的心脏
填充蜗牛般每每抬起又缓慢下落的脚步
昨天，120 首的完成又一次应用算数
好看的数字制造出满足感
数得清的是诗
数不清的是心思
美好的数字不能填满惶恐无助的心
文学的森林里
仍在迷路

文学的河流里
仍在漂游

　　《中国湖》这部长篇是一个里程碑。何去何从？今后的方向是什么？是一种写作的断层和彷徨期。很多课要补。一大串写作技巧的书单，一大堆心思……出版社？网络？世俗的电影电视剧？是否应该不再去思考就动笔记下感动？诗歌？久已冷落的散文？小说？河流是否需要拐弯儿？

11 May，2017

节

总是伴着春天而来
子宫分娩与大地滋生何其相似
生命从此发芽、成长、结果
当年的你是否因为自己高高隆起的腹部而欢喜
我蜷缩在你身体里吸取营养
陪着你起早贪黑
抓革命促生产

工作与劳动，是你的常态
从记事儿起，我就知道你的与众不同
女儿身里藏着男人的刚强
不轻易展露慈祥
冰冷的线条，冻结了可能的笑容
而笑，会成为哭的导火线
世界上最凄凉的哭、变态的哭、无助的哭
一种令我想到便想哭的哭
我装睡，等你悄悄贴上来的嘴唇

你是荆棘，在野草中支楞八翘地生长
工作、劳动、发脾气、熬夜踩着缝纫机、过年洗衣服
我在节假日向同学撒谎，躲避拜年的到访者
没有过年的新衣，家庭与众不同
孩子也必须与众不同
即便过年，仍旧是没完没了的抱怨与争吵
劳动、劳动、没完没了的劳动

节日，是世界上最可恨的日子
厌恶节日，害怕节日
在青春时代成了
心理常态

逃离，用了冲刺的加速度逃离
在爱情中追求生命的真谛

绝不能重蹈覆辙
每个节日用心去过
让欢笑充满家里的每个角落
占居每个人的心底

这个日子就要来了
特殊的节日，你的日子
提前一周买好礼物
是平时舍不得为自己买的品牌
腾出时间想你，为你写诗
摄像头里看到你移动的身影
满心欢喜

一片复杂的田地里鲜花与杂草密集丛生
看不清眼前的风景
我对你
真的无法定义、更无法下笔
我知道爱着百草园，正如爱你
一天不看看这片复杂的植物园
便无法呼吸

　　后天母亲节。买好了礼物。由于母亲的特殊性，我总是无从下笔……只知道全心爱她才能得着心中的平安。

12 May，2017

夜

凌晨一点，走下楼梯
享受幽灵般隔世的孤独
没有谁能对话
你也不需要说话
窗帘紧闭，屏幕闪烁
心门敞开

思想在自由行走
到山坡上采花
去水塘里捞鱼
面对海洋张开双臂
奔进森林与青藤共舞
思想在自由行走
如风

如果不知道幸福是什么
请在凌晨醒来，让自己完全属于自己
等黎明的鱼白挤进窗棱
再悄悄地回到床上
让肉身与灵魂重新统一

人，在什么情况下可以完全属于自己？可以不用有责任和义务，不去做不想做的事，不说不想说的话？我的夜晚给我带来这样的时刻，这是一种别人不懂的幸福。

13 May，2017

想长大的女人

这是一种吃力的生长
是一颗种子经过一冬的寒冷破土而出的力量
还是火山久蓄热量
一朝喷发的壮丽？

一日三餐，一条拴住女人的绳索
灶前的她如一头老马习惯地拉着磨
固定的圆圈一圈一圈磨着她的青春
柴米油盐的积年浸染
她的模样好像一条晒干的腌鱼
年轻的水分流失
鱼的味道只剩下干涩的"咸"
上有老下有小的责任
这顶她戴惯了的帽子
遮着她头顶的天空和身边的绿地
她的目光怎么能穿越时空
到达历史与哲学，文明与进步
社会与政治，文学与作家？

女人却在早春盼望长大，如同少女
转身处，半百已成曾经
她想解下绳索、从咸菜缸里跳出、摘掉沉重的帽子
她想走进心灵的学堂
进修智慧那门课
她想在书本里获得小学毕业证、中学毕业证、大学毕业证
她还想深入人类的思维
探索多维世界的奥秘
然后在屏幕上用文字展示生命的岁岁与年年

如果能如风一样自由
空气一样广大
花儿的芳香一样飘逸

如果能像山一样坚实
像树一样年年又绿
像泥土一样孕育硕果
如果需要女人用一生去换这一切
她愿意破土而出
她愿意火山爆发

想长大
在女人的垂暮之年
不只是一个单薄的理想

这首诗写给所有勤劳、相夫教子、舍得牺牲、曾经放弃自己但对未来的个人成长心存盼望的女人。

16 May，2017

肩

当人类失去最基本的睡姿
才发现"平躺"是何等重要
耗尽的电池无法充电
弹簧在紧绷之后无法松弛地恢复原状
运动员持续使用肌肉而不能休息
演讲家的喉咙无法合拢咽下一口清凉之水

这便是肩周的抗议
它以拒绝平躺提醒主人的重视
是衰老使慢性炎症提前到来吗
是五十肩的自然规律吗
当疼痛无数次在深夜唤醒睡眠的主人
医生终于上阵，B超用透视的箭头对准肩周
撕裂的不是对衰老的恐惧之心
只是一条肩周的韧带

身体的自我修复不需学习
时间计算着它的能力
伤筋动骨一百天指日可待
理疗师的笑容如一朵秋菊
开在她目标明确的手指按压点
那里发出女高音尖锐的歌声
这不是我想要的音乐会
也许还需要一个月，才能从剧场逃离

以等待种子发芽的耐心
我等待裂痕修复如圆滑的美玉

左肩周韧带撕裂，7×7mm 长，4mm 宽。不能平躺，无法翻身，起床需要热身运动才能完成。两月来，日渐好转。伤筋动骨一百天，希望不就得将来可以痊愈。女高音喻疼痛。

17 May，2017

礼物

很多时候，相信我，东西会说话

一块精雕细刻的香皂用香味儿说话
一盆粉妆玉琢的鲜花用艳丽说话
一瓶清香沁腹的果酒用温醇说话
一袋酥软可口的烘饼用美味说话
一包鲜嫩挺拔的韭菜用第一茬的春情说话
几支软甜爽口的果条用晚餐的惦记说话
一只洁白素雅的磁具用纯净之心说话
…… ……

这些话语是一辆又一辆小火车
从你们的心驶向我的心
车上满载着一样无价之宝：
感激

　　驾校群的群友借着送支票的机会，带来小礼物表达感激。感慨于女性的细腻与善良，不约而同的行为，让我看到人间有善、有爱、有感激。

18 May，2017

弯曲的身体

接近泥土，当黎明掀起黑夜的衣角
世界还在梦中轻轻游荡
女人，用弯曲的身体向土地问好
胶皮手套没挡住泥土的浸入
指甲缝黑了
似乎在等待种子

接近泥土，当日头在树梢上炫耀光辉
人们在后院新支起的躺椅上闲聊
女人，用弯曲的身体与土地密谋：
挖掉的蒲公英，别再回来了
新栽的喇叭花、玉簪花、玻璃翠
竞赛开始了
请你们抢着盛开

接近泥土，当夕阳在西天作画
街上飘着炭烧炉上放肆的肉香
女人，用弯曲的身体洒扫庭院
空白的土地上
当年生的幼苗已经入土
多年的草本植物完成了修剪
今后的五个月里
你们会用色彩与人类亲密

夜，终于来临
放下浇灌的水管
女人，终于直起弯曲的身体
捶捶酸痛的后背，泥手一撸
明眸如泉
鼻梁如一道姹紫嫣红的山梁
无声却诉说着一个故事
城市女子的脊梁

能屈能伸
它心甘情愿做个奴隶
投降于土地

　　Victoria Holiday，天气晴朗，购买肥土、鲜花，用整天整天的时间在院子里栽种鲜花、培土、播种、浇水、换盆，虽然腰酸背痛，却满心欢喜。花农与菜农的骄傲，一股脑奉献给土地。

22 May，2017

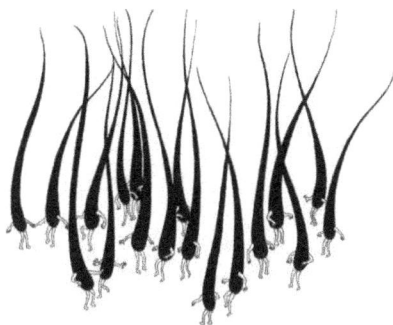

209

当生活不设目标

当生活不设目标
如一只草虫、一条海鱼、一匹野马
无需思想地生存着
做着作为一种动物应该做的事儿
吃、喝、爬行、游动、奔跑、睡觉
从出生就一天天地生着
从出生就一天天地死着
最后在草丛、在海洋、在旷野
寿终正寝，腐烂、融化
自然规律使一切回归自然

当人类不设目标
一群行尸走肉拥挤在都市与乡村
没有理性的政府与法制
法律就是自然的弱肉强食
部落的首领如狮子王
动物世界的残酷与人类一样黑暗
从出生就一天天地生着
从出生就一天天地死着

设想一个人不设目标地生存着
才发现
不设目标
已经变成了一个新的目标

　　时常希望是在一种无欲的状态下生存，从人类的各种无谓追求
中淡出。却发现，这样的生活即便在动物世界也是不存在的。能够
去追求一种不设目标的境界，反倒变成了一个目标。

30 May，2017

免费日

人的链条蜿蜒如蛇
九曲十八弯，爬向入口
烈日烘烤着一盘盘美味食品
精致的烤盘上摆着千奇百怪的"耐心"
小孩子的"耐心"是哭闹喊叫
父母的"耐心"是好言相劝
老妇扇着风，婴儿在推车里吸殪指头

两个小时的缓慢爬行
盛宴在流水线上逐个被入口吞入
穹顶下热带雨林成就了天然桑拿房
汗珠在高高低低的鼻尖上成堆闪烁
人造池塘里的鳄鱼正在假寐
不不，不是它的鼾声
是人挤人的喧哗和惊讶

一群脸贴在玻璃缸上
鱼们在那个世界里遨游，它们
不懂人的这么多眼睛，它们
只是该怎么游就怎么游

角嘴海雀在北极山上聚集
人类在零上二十度里观看零下十度的栖息
对于人类的指指点点
不屑于嘲笑或者羞怯，它们
只是该怎么坐着或者站着就怎么坐着或者站着
偶尔耳鬓厮磨，说几句人类不懂得鸟语

壁画里的海洋长出了一片大水
鹰与鱼打着招呼，岩石被翅膀们扇得凉爽无比
人群在水面之外驻足歇息
虽然在穹顶之下

胜似不冷不热的一天，呆在海边

免费日，生物园里的生物甘拜下风
观看动植物的人群，看到了罕见的人群
免费日里，了解人物
胜过了解生物

28 May 的蒙特利尔是免费博物馆日，他带小女前往 Biodome 游玩，排队两小时，我与大女及 A 随后加入。罕见的人挤人的场面，令人叹为观止。

30 May，2017

长绳

寻找各种借口
到达你所在的城市
车轮的滚动渐渐把思念的长绳卷起
直到见到你，才卷到末端

分别后，车轮的滚动又把这根长绳
一圈圈放开，它长长地连着你和我
在你的城市和我的城市之间荡着秋千
在你的生活和我的生活之间跳绳

直到下一次见面
一圈圈卷起
再一圈圈放开……

经常找借口去蒙特利尔看女儿，两个小时的车程，难道不像在把一根思念的长绳在车轮上卷盘的过程？

30 May，2017

行走在闹市街头

使用双腿时我们聊天
占据舌头的是瞳孔的摄像：
那些急急忙忙裸露着的白腿
骑行者双肩背包上可笑的题字
橱窗里树根做的艺术品
流浪汉身边那条昏昏欲睡的大黄狗
还有晴朗的天空上那朵蘑菇云和一丝风
墙角的垃圾桶里隆起的几百个咖啡杯

以村民进城的态度观察世界时
发现我已农化
因为离树木很近，忘记了砖瓦
因为离土地很近，忘记了摩天大楼
因为离静谧空旷的乡野近
忘记了柏油路上车轮飞驰的呼啸
因为渐进衰老
早已远离狂欢

行走在闹市街头
看到一种色彩
是疤痕脱去时，嫩肉的粉红色
我闻到一种味道
剥去腐皮时，洋葱刺鼻却诱人的馨香

有一些枯木在发出新芽，街道上
老人的白发飘在黑发人的身旁

　　这些年，很少在闹市行走。久违的热闹令我感觉在重拾青春。虽然还没有老，心却在这种唤醒中意识到了衰老的力量。全家人周末行走在蒙特利尔街头，我感觉到自己的变化和落后。

30 May，2017

难道政治是一碗肉

馋肉，没有肉吃
就拼命地想着肉的滋味
水晶肉皮放着红艳的光
魂牵梦绕地勾引着你
当食欲成了唯一，肉又占据了唯一中的唯一
你已经变成了肉的奴隶

是的，政治圈的信息就是这个唯一
以食欲般的诱惑掠夺了你
早已身不由己，没有它你就思念
有了它你总觉得不饱
品味着它的油腻，热爱着它的醇香
即便你知道它会令胆固醇升高
甚至剥夺健康，仍然
无力放弃

半年的光阴里
这块肥大的肉就是这样包裹了你
你一边呻吟
一边冷笑

迷上微信群的感觉是矛盾的，占用大量时间，却如同食欲一般让人欲罢不能。肉的优点与缺点用在这里喻这种瘾的利弊兼而有之。

31 May，2017

介绍

插着丘比特的小翅膀
飞翔在你和他之间
速度很慢，箭头很钝
飞到中间就跌落在地

文化差异如同栖息在不同环境的动物
一只鱼不懂一只羊的心思
丘比特经常犯错
这次，从水里一错就错到了地上

摘掉翅膀
我抚摸着手中的弓箭
才发现丘比特的工作是世界上最难做的
日新月异的世界
鱼会去找鱼
羊会去找羊
丘比特不得不失业

　　第一次做红娘，才发现闹了个笑话，Y 与 P 差距太大。善意
有时显得十分愚蠢。自嘲。

31 May，2017

宁静的心

面对门前精心打造的花园
一本九歌出版社出版的台湾小说选摊在大腿上
消了音的手机在凉桌上伸手可及之处
阳光温暖地晒着半个晒台
阴影里
女人的辟谷日记斜摆着

她在黄春明的小说里适应着竖排繁体字
还把纷乱的思绪也竖着排成行
不认识的繁体字
在小说里与思绪里统统板着陌生的脸
她并不恼恨，微笑着
跟一只蚂蚁说了声"Hi"

禁食使大脑缺血
四肢的酸麻感隐隐约约地窃笑着
血管壁附着物在脱落消失时
发出嘶嘶的蛇叫
生命的到来需要十月怀胎与一朝分娩
重生也是如此
生命自身的保健功能和春花一样悄悄盛开

丢弃的赃物除了胆固醇、脂肪和病细胞
还有脑子里的那团乱麻
即便没有圣经摆在眼前

眼睛迎着刚开的迎春花
张开嘴想要吃一口风
仙女变成风飞进腹中
于是懂了什么是
"不食五谷，吸风饮露"
逍遥的日子

流水一样
在五月的最后一天
流淌在无一丝涟漪的心泉里

　　昨天开始两日辟谷。排除一切事物，上午坐在前门阳台上读书，精心打造的花园美美地开着。面对的，是美丽的风景，和清净无为的心情。

31 May, 2017

空白

空白的屏幕，是大脑的倒影
是雾、是风、是云
什么都是，什么都不是
拥挤着一切
可什么都看不到

听见诗歌呻吟的声音
听见散文哼着小调
听见小说在吵架
密集的声音缠绕成一团拆不开的乱麻
耐心地拆解
却越拆越乱

让我把诗歌、散文和小说这三股细麻
织成一股粗绳吧
用这根长线织出一张大毯
挂在那个空白的地方
编织的两根长针是自制的
一根是前人的经验、书本和课堂
一根是自我的决心、努力与创造力

空白的，不会永远空白
相信未来者，必拥有未来

　　近来，感觉无话可写。身体习惯了操持家务、为家人服务的运动状态，大脑似乎久违了写作的状态。怎样来突破这种空白状态，对我不是一个议题，是任务。

4 June, 2017

伦敦桥的悲伤

七人死，四十八人受伤
伦敦桥灯火辉煌的夜市被鲜血涂染
仇恨的歹徒啊，当枪弹在你们体内炸开
你们的真主奖给了你们最高的荣誉——死亡
无辜的人们倒在本该属于欢乐的夜晚
挣扎的叫喊惊动了世界
地球人纷纷探着脖颈朝伦敦塔眺望
为什么，这一切都是为了什么
仇恨和杀戮正把世界涂成乱象

如同细菌，你们在许多国度寻找寄生地
伺机发育成人肉弹，炸在和平的西方
肉眼不认识你，显微镜也无法和你较量
地球人该如何面对致命的细菌
人类学家、生物学家都没有研究的具体方向
有人说要在网络上屏蔽恐怖意识与教育的蔓延
还有有人说干脆不要去热闹的地方
可这是不是又违背了政治的正确和人权的定义
是不是低估了敌人的花样

这不是伦敦桥的悲伤
是你、是我、是他的联合战场
不要被他们吓的改变我们
要让我们吓得他们退缩和无法张狂
悲伤可以是动力，请相信
当伤口用了联合杀菌剂，有一天
细菌会悄悄消亡

　　伦敦在曼彻斯特遭到恐袭之后，伦敦桥和夜市又遭到持刀恐袭。
世界一片动乱之象，人心惶惶，忧虑，即便在天高地远的这里，仍
然有着一种难以名状的震动和不安。何去何从，无人能预测。

4 June，2017

休息日

用该休息的日子休息
神，这样教诲
上帝创造世界的疲倦
延续至今
我躲不过
你也不能

母亲说累，你说累，孩子也说累
累是生来的遗传病
亚当啊
你为什么要咬那口智慧果
从呱呱落地，我们
就一天天迈向终结
很多休息的周日在累加
一回头，我发现
年纪已经很大

曾经，我用周日玩耍郊游
现在，我用周日睡觉、吃饭
再吃饭、再睡觉

4 June，2017

Chrissy sent you

你和爱人挽着手走在伦敦桥上
夜色温柔，浓情蜜意流淌在你俩心头
卡车的冲撞，没有一丝预告
一个分界线出现在伦敦桥上
一边是生，一边是死

眼泪在他脸上汇成河流
臂弯无法温暖你冰冷的身体
未婚妻的名称永远不会变成妻子
世界为你定格

整个国家为你哀痛
你的心脏曾为无家可归者跳动
却无辜地永远停播
凶恶的暴徒夺取你的生命
更多的你将走进无家可归之人的救助所
"Chrissy sent you!"将传遍四方
正义和良知的火焰
不会因魔鬼的猖獗而熄灭

让我们哀悼你的生命
安抚你的灵魂
让千百人为你祈祷
安息吧！克莉丝汀阿奇博尔德

　　伦敦卡车恐袭，加拿大 30 岁女子 Christine Archibald 不幸遇难，死在未婚夫怀里。全国哀痛。她生前在无家可归救助所工作，充满爱心，坚信每个人都有价值并受到尊敬。一个这样年轻的无辜生命如此被暴徒掠夺，何其哀也！她的家人呼吁社会各界多关心无家可归者，通过去救助所当义工或者捐款的形式来纪念逝去的 Christine（Chrissy），告诉那些无家可归者是 Chrissy 让你来帮助他们的（Tell them Chrissy sent you）。
05 June，2017

等待

时常在等待
等待一个久雨后的晴天
等待寒冬之后的春阳
等待大病之后的痊愈
等待孤独之后爱人的远道归来
等待战争终结参军的孩子平安回家
等待一生的苦拼，有一天理想终于实现

阴雨连绵了几天
今天的晴朗却不是因为人们的等待而到来
天道自然，人类只能服从
在等待自己无法控制的未来时
请把握现在，请你
在连绵的雨中赞美疯长的青草
在寒冬歌唱冰雪的洁白纯净
在病中体会健康是多么珍贵
在孤独时享受内在的积累
在战争中祈祷孩子在枪炮中得到启迪
在苦拼时赞美能够苦拼的能力

当你等待未来，请珍惜现在

7 June，2017

为什么我要做 Top

"要努力！难道你不想做 Top？"
"为什么我要做 Top？
做个不上不下的中间普通人有什么不可以？"

无言以对，"有什么不可以？"

山顶有山顶的云雾
山脚有山脚的繁花
城市有高楼大厦
乡村有绿野田园
海洋有一望无际的旷阔
小溪有潺潺清流的娟秀
虎豹有称王的雄姿
牛羊有温柔的谦恭
孩子啊，做个与众不同的自己
是你的天赋人权
我的回答是：
"你可以，当然可以！"

别让大人的梦想成为铁栅栏框住你的生长
别人别人的目光成为石头压住的伸展
你可以成为山顶的云雾
也可以成为山脚的鲜花
可以做虎，也可以为鹿
新生的枝条会在哪一个骨节上开花
老树你不必担忧，年复一年
嫩枝会一天天粗壮
今年不开
还有明年、明年的明年

懂得反驳和提问的孩子
独立人格，是你的骨骼

独立思考，是你的肌肉
做你自己，当他人想要束缚你
请大胆挣脱
生命是你的，你有权掌握
我只愿默默地做你的土壤
给你一份踏实的支撑

8 June，2017

225

一个六月的上午

一桌一椅，电脑，手机，书，茶，太阳镜
池花，盆花，枫树，草坪，安静的房子
微风，阳光，鸟鸣，蚂蚁，蜂、蝇、花的馨香
一个素颜女子，一双明眸，一个念头，一首诗

上帝赠予的一切，充满了
一方天地，一个上午，一付五官、一颗心
有一种富有，是不用和人去比较的满足
有一种满足，是独自一人的平静安详
有一种自在，是对世界的远离
有一种欢乐，是不开口、不看喧闹的世界，独守内心
有一个上午，是富有、满足、自在、欢乐
皮肤一样包裹着，空气一样抚摸着
天气一样不必也不用去选择

一个六月的上午
幸福达到了极致
虽然不会停留
却将在夏季无数次重复
只要你愿意去享受
上帝的礼物

8 June，2017

关于历史

六本中国历史与六本世界历史
曾经倒背如流，完美了
一个高考奴隶的光辉形象
那些相对扭曲的历史，却如同水一样
被生活这把笊篱漏掉
捞起的是看得见摸得着的生活
和渐趋成熟的理解力
溜走的是知识与记忆

微信时政群的启蒙
把政治变成了柴米油盐
每天的摄入咀嚼
让历史的先例与经验不断地重复在餐桌上
儒家的愚民与奴化教育是中国的恶病吗
制度的推进光靠启蒙能行吗
西方政治怎样才能成为借鉴
世界各国的发展史如何与民主宪政去连接
马克思主义失败在哪里
GCD 阵营普遍腐败的根源是什么

学习历史吧，撇开扭曲的教科书
不做一个背诵的机器
做一个思考的主人
打开世界之窗，让四面八方的风吹进来
让它吹动思想、翻动书页
认知现在、参与未来

历史，不是溜掉的汤水
是捞上来的美味水饺儿
让心灵之胃
在一个个事件的复习与分析中
无限满足

8 June，2017

227

听鸟

一棵树已经足够藏匿秘密
吱吱吱，你的三声呼唤
总能换来咕咕，他的两声答应
我想找到你俩的身影
树以茂密拒绝
放弃仰头
用耳朵
我扑捉春晨的预报
"吱吱吱——"
"咕咕——"

8 June，2017

敦促

YM，以她的身份
发出超声波，探测
写作者创作小说的能力
《中国湖》的睡眠
需要一位王子的路过和亲吻吗
睡美人在现代，只是一个神话传说
无辜的美人，不该承受百年的诅咒

文字从无到有
载着一字一句不安的希望
停在面前时，她端起茶杯
翻了几天，然后
把厚厚一叠纸束之高阁
隔着太平洋
梦游的写作者端着有裂纹的心
踮着脚尖
没够着

你的身份，就是一种力量
你的话，应该是吹绿野地的
那股春风，或许
你就是那位路过的王子
也许

9 June，2017

美食奴隶

用五六个小时把一片片竹叶
变成糯米与猪肉的容器
用整个下午把红豆沙与绿豆沙
撮合成亲
用火焰逼着猪皮和水
表演水乳交融
施行按摩术
把辣椒、咸盐、梨、葱姜蒜善待
大白菜的身体

粽子、绿豆糕、水晶皮冻、韩国泡菜
还有整块的时间
证明了你的身份
美食奴隶

9 June，2017

贵客

睡眼初睁，第一件事就是请你进来
你把六月的温暖送我做礼物
还用热情的微风与我握手
你的口袋里揣着留声机
播放着鸟儿响亮的啾鸣

藏起羞怯
让你尽情地抚摸我被睡眠腌制过的脸
浮肿被你干脆地抹去了
倦意被你果敢地擦去了
我干脆伸开双臂拥抱你
慷慨无限，毫无保留
你用新鲜的空气回赠欢迎
我的每一寸肌肤都被你环抱了
我的每一个肺细胞都被你占领了

阳光，原谅我只能从门和窗请你进来
如果可能，我愿意掀开整个屋顶
让你在我的整个房子和心脏里做客
爱你的心意
是我唯一能招待你的茶水
享受你的恩赐
是我唯一给你的回馈
和你的招待相比，我感到羞惭
因为只要走出门外
我就成了你的坐上宾
享受你毫无保留的招待

10 June，2017

在你中行走

十二年，每月的第二个周日
一束光从天庭射下
男女围坐，倾心合唱，轮流朗读
谈经论道，家长里短，笑语欢声
心灵碰撞，脱离尘俗，心灵释放

你发给每个家庭一个小太阳
又把我们聚拢成一个火热的大太阳
你的慷慨如空气
无私地赠与健全人、残疾人，好人、坏人
东方人、西方人，昆虫、植物，泥土、河流
呱呱落地时，便享受着你
阖眼辞世时，才会见到你

周六的夏夜，胭脂擦在天边
举杯祝愿时，心跳是你的鼓点
爱的波长在脸上漾出涟漪
步履不一，手挽手
我们在你中行走
做出生到永恒路途上的
长途行者

　　6 月 10 日周六，在我家圣经小组聚会，今年最后一次学习。提前好几天包粽子，做绿豆糕，皮冻，水果色拉等等。开葡萄酒大家喝，给朋友们移 Hydrangea 白绣球花。很累，但很 High。大家兴致盎然，都非常高兴。主爱深厚，一路保守各个家庭。感恩无限。God bless！

14 June，2017

喜欢与不喜欢

接你来，便
接着你的唠叨、你敏感的神经
你这儿疼那儿疼的碎语
你对钱财无法掩饰的向往
你对功名利禄克制不住的贪欲

这一切我都不喜欢

可我喜欢你渐趋温和的性情
喜欢你孜孜不倦的进取精神
喜欢你永不言败的勇气
喜欢你衰老但还十分灵活的身体
喜欢你开始懂得克制和容忍
喜欢你自力更生的干劲儿
喜欢你偶尔关心孙女的话语
喜欢你专注时摈弃一切的决然
喜欢你的勤劳，你的付出，你的百折不挠
甚至你隐藏在深处、从不表达的爱

这一切我都喜欢

喜欢与不喜欢
是夜与昼、黑与白、春与冬
无权选择季节更迭，如同
无权选择你
喜欢与不喜欢
你都是我的最爱

　　每次和你相处，都会时不时有一种强烈的矛盾心理左冲右突。
我只希望为你做的一切，能够得到你的理解和认可。我尽全力而为。
上帝作证。只希望你快乐幸福。

14 June，2017

精神树梢

当人们唧唧喳喳地谈吃谈喝
当人们蜂拥着抢购房子如同抢购豆腐白菜
当人们聊天聊钱聊子女教育聊退休养老
当人们把目光聚焦在眼前的二亩三分地、油盐酱醋茶
精神追求者站在很近的地方
远远地注视

当草坪贴着地面踏实地生长
树木，正坚决地朝上去接近天空
根，向下深深地扎进泥土
是为了树梢生长的更高更快
不必苛求草地的理解
你要做树
就做一棵合格的树
沉默如看不见、摸不到的根须
撑起精神的树梢
朝着天空
勇往直前

　　常常感觉自己与世隔绝，内心和周围人距离遥远。安静地向内求索时，欣慰自由的感觉如同细胞充满身体每个角落。这种沉默与安静的状态，就是一种扎根的状态，为了精神的树梢去到达更高的高度。

14 June，2017

伪谦卑

恭谦地对所有人微笑
脸上拿出最温柔的表情
对熟人、陌生人柔软地表达善意
拥抱、赞扬、褒奖、小礼物、热情的言语
精心地为周围人服务，甘心为仆
低到尘土里
不炫耀，隐藏才能与聪慧
不夸夸其谈，藏匿丰富的思想
如一粒裹着泥土的金子
混迹在石砾中
默默

这是一块知道自己不同于石粒的金子
它在等待一个让它变成珍宝的慧眼真人
在适当的时刻、适当的场合出现
擦去它身上的污泥假衣
以炫目的光芒
惊艳于世，它的默默
是等待

　　不愿承认是个虚伪的人，但内心深处，是骄傲的，因为天生丽质、心灵手巧、不倒的意志、持久的精神、远离物质诱惑的笃定、看淡物欲、渴求丰满精神世界的理想、每一样不做则以要做必为最好的决心和能力……所以，人前的安静与谦卑，是伪谦卑：）

14 June，2017

小人儿们的绿地

短短的小腿腿们咚咚咚地倒腾着
小小的身体们歪歪扭扭地奔跑着
一颗颗圆球在脚下滴溜溜滚动着
高大的爸爸们大着嗓门儿教授着
兴奋的妈妈们呐喊着助威
风吹着，绿树环绕着
诗人的目光注视着

和谐的世界以和谐的场景来证明
颂扬的诗篇无需溢美之词，你看
温度在绿地跳跃的阳光里
热情在跑跳甩动的四肢中
欢乐在大汗淋漓的脸颊上
协调在大人小孩的信任里

小人儿们的绿地
一幅立体画展开在和谐世界的大墙上
成就了一首关于未来的诗歌
而一切都发生在
现在

　　坐在 Richcraft Community Center 外面的停车场里写诗，面前
是绿茵茵的足球场，Toddler 和家长一起训练足球的活动正在进行，
爸爸们当教练，妈妈们呐喊助威。世界之美，尽在眼中。

14 June，2017

不必

不必做嫁衣裳
为他人添加锦绣蕾丝
不必用彩色羽毛遮挡皮肤上的疤痕
疤痕曾用疼痛留下经验和记忆
不必遮丑，当丑陋来自真实
不必为了别人眼中的你
伪装成瑕疵全无的圣贤
不必小心翼翼
为了不伤害他和她的心
不必总是舍弃自己
成全无私的美名
不必做圣母特蕾莎
尽管你满心崇敬
不必如满月
请允许自己变成月牙
不必完美如一个永久的神话
请做一个凡人去完成自己
不必计划这样多的不必
上帝宠溺着你，"不必许可证"
从出生就授予了你
不必抱怨半百时光缓慢地教会了你
万事有定时，耶稣爱你

时间是老师，几十年走过方才发现，奉献不是天赋人权，是人类的理想。有权做自己，有权自私，保护自己的权利，享受生活之乐，是上帝最丰厚的赐予。

14 June，2017

大雨

一把闪电的利剑划破乌云密布的天空
雷声响了，即便躲进地道
也无法阻挡轰隆隆的震荡
闪电与惊雷，预告着一场大雨
人们在持久的阴天里
面色苍白，忧心忡忡

来吧，大雨
没有乌云纷纷破碎的剥落
怎能迎来雨后天晴的太阳

别怕狂风刮倒蛀空的老树干
别怕河水冲垮群蚁建筑的河堤
让大雨冲洗污泥覆盖的地面
让狂风吹去泛滥田野的蝗虫

大雨，来吧
来清洗这个世界
你对世界的抽打、刷洗
是妈妈柔软的手
用香露把从泥潭中救出的孩子精心磨擦

真理，会裸露出沐浴后洁净的肌肤
希望，会行走在冲刷后的大地
公正，会升起那轮太阳，悬挂于高天之上
自由，会刮起暖和的春风吹得每朵心灵之花肆意绽放

别躲在地道里，还等什么
来到窗前，推开房门
进入世上最大的浴室
加入雨的舞蹈与歌唱

18 June，2017

238

花园

深深地爱你
十四年的风霜雨雪把我和你栓在一起
没有大红盖头和响亮的鞭炮
我就嫁给了你

你用只有我懂得的碎语与我交谈
你许诺我鲜花艳丽的色彩
你答应我遭遇干旱也要顽强坚守的毅力
你保证用丰硕的身体回报我双手的勤劳

我和你的秘密契约在每天的清晨就以色彩宣布
又在每天的日落时分以明天的期待藏进夜色
夜里，我和你隔着墙壁彼此爱恋
白天，你渴望我温柔的抚摸、缠绵与浇灌
我渴望和你在一起
没完没了地
听你说不完的悄悄话
抚摸你健硕的身体

默默地，我守着你
守着你的忠诚和宽容
守着你的裸露和美好
守着你的日新月异
你是这样地宠爱着我
把一切许诺点点滴滴赐予我

有了你，我不需要人类的干涉
也不必去参与人类的喧嚣纷乱
有了与你这份天长地老
我不需要两足直立的知音
就心满意足

建设了 14 年的花园姹紫嫣红。我是个实干的园丁，安静与你相守，除杂草，浇灌，剪枝，施肥……你我相濡以沫，何等安慰。盛夏，坐在我的前阳台上守着你，无限满足。我的爱人，我的花园。

20 June，2017

办公室

方向盘，半开的窗，不邀自来的微风
花香，树影，鸟鸣，偶尔牵着狗儿的路人
可以调整的座位，一瓶矿泉水
可以开或者不开的空调
可以开或者不开的音响
笔记本电脑
思想用文字在屏幕上盖章

方圆两米，主人
聚精会神
把神思在文字里腌制
歌声，在屏幕里低声吟唱

在车里写作，效率最高，精力集中，窄小的空间令神思凝聚，诗行如涌泉，涓涓流淌。我的车子就是我心爱的办公室。

20 June，2017

分行说话

必须用分行的形式来说话
一成不变的生活
分了行，就变成了活过来的木偶人
枯燥烦闷的情绪
分了行，就被清水洗去了烦躁
不知所措的彷徨思绪
分了行，就各就其位站在了应该的跑道
甚至愤怒、不满、遗憾、兴奋、欢乐
分了行，就像关了火的炖锅，沸腾渐渐安歇

一天不分行
一天就不是我的一天
当全世界都不在乎什么是分行的时候
坚守着分行世界
做一个画家，把模糊的我
画得清晰

　　近来，一天不写诗便难受，几天不写诗，就一定要补回落下的诗句。我用每一个字来记载时光和思想，在分行的世界里，心如种子安放入土。

20 June，2017

胃镜

一根纤细的插管携带一个镜头
进入你频繁使用了一生的器官
一无所知，你休眠在世界的另一端
五分钟的钻探
屏幕上一览无余
没有炎症、没有溃疡、没有肿瘤
呻吟来自地心或云端
肉身承载着未知的精神扁担
一端是沉重的过去
一段是自怜自哀

如果有一根插管可以探测精神
它必能做出精确的诊断和治疗
让历史的伤害如息肉被瞬间割除
还你一张无云的苍天
健康，万里无云

　　母亲昨日胃镜检查一切正常，大夫说 Perfect。想必久缠的胃痛只是神经性的，敏感的母亲很小的事情都会在她身体上夸大，精神不能放松是其因。历史如果可以如 polyps（息肉）被瞬间切除，何其好哉？胃痛只是一种外在显现罢了。

20 June，2017

百草园

百草园里百草相竞
美貌的花朵掩藏在歪斜的杂草缝隙
女人经过，男人经过
老人经过，孩子经过
心细的透过杂草看到鲜花
心粗的只见杂草繁茂
一阵风来
蜜蜂也迷了路
找不到驻足的花儿

心灵的百草园
过客纷纷
除草的季节，只有自己的锄头可靠
汗水剔除着无用的乱草
鲜花脱颖而出
女人经过，男人经过
老人经过，孩子经过
心细的、心粗的
都被一丛丛无法拒绝的美艳惊呆了
蜜蜂再也没有迷路
百草园
万紫千红

　　思想里杂七杂八的东西太多，反倒看不到思想的精华。如果要在某一方向求真理，必铲除没用的东西，用劳动使百草园变为花园。摈弃障碍是求取成功的重要途径。Focus.

21 June，2017

遥望

那是一锅滚开的热闹
五味酱缸乱炖着七情六欲
职业泳者
在大泳池里如鱼得水、欢腾跳跃
男女恩怨，左右阵营
攻击诽谤，拉帮结派
剥落底裤，乱报粗口
人类的无聊与空虚
彷徨与探索
一览无余

好奇者在太平洋的另一端
在故乡心结的另一端
在屏幕的外面
观赏大戏
大笑，微笑，浅笑，冷笑
情节决定情结
虚拟来自逼真的生活
这个生活很远，也很近
民主，只是一件华丽的外套

　　观望微信群的封封建建，政论群里的辩论与争吵，男女恩怨，
一个远离的世界拉在眼前。看人的思想，人的美丑善恶，人的局限。
有一种无奈和无聊，如风淡淡地吹。

21 June，2017

墓地

我收集花的尸体
分门别类把你们安葬在不同的笔记本里
你们的透明血液渗透纸页
留下生前的泪痕
你们的墓碑
是我琐碎的日记
用每一天的心思来纪念
你们的开、你们的落

你们曾经艳丽
翻动日记本
艳丽就飞奔出来
熏染我心，我于是记起了春天
你们丰满美好的模样
陪我度过清晨的幽思、夜晚的惆怅
冬的严寒凄冷、秋的北风侵袭

你们干燥的叶片
定型在一个完美的二维世界
那丢失的一个维度
消失在时间里，我于是
晓得珍惜现在
任何绚烂的过去，最多
只会变成没有水分的木乃伊
停留在一个多情女子的日记本里
这是世上最芬芳的墓地
守墓者的诗歌
是你墓前永不凋谢的献礼

　　夹了很多干花在日记本里，与其说存留它们的美，不如说是
为了存留它们对人生的启迪。

21 June，2017

花园

栽培、耕作、移植
每一春的繁衍、每一夏的浇灌、每一秋的呵护
十几年的朝朝暮暮
你们积攒一冬又一冬的雪礼
夏天来了
园妊紫嫣红，满院馨香四溢

迎接路人的赞许，你们不骄不躁
该怎么开就怎么开
或者含蓄、或者放肆
承担天气的赐予
你们不偏不倚
没水就干萎，没肥就焉谢
开诚布公，你们从无任何藏匿

穿着吊带裙
我和你们时常站在风中和水雾里
让太阳给我们拍摄合影
影子除了留在草丛
还存在了太阳的相册里
只要日升日落，就有影子
提醒我们的契约，你我合照的婚礼

雅各布书的歌唱：
我爱的新郎
我怎样用生命去爱你

　　今年分外迷恋我美丽的花园，除了辛勤出力，也格外享受面对它的每时每刻。开门的瞬间，扑面而来的艳丽景象，给我带来无限幸福的感觉。

21 June，2017

感冒病菌

我想和你谈判
谈谈关于你的去与留
你一直想得到我的青睐
无奈我好几年忽视着你
我游泳，你被动地远离
我去健身房，你疲惫地缩成一团
我辟谷坐禅，你只能躲在远远的角落
我饮食健康讲究
你恨不得钻进我的每一碟美味佳肴
痛快地实施攻击，你总是失败
无地自容

可这次，我没拦住你
你钻了一个空子，挤进了我繁忙疲惫的身体
使用了迂回战术，你先攻击了小女
再利用她的温柔，潜伏进我的坚强壁垒

哦，没关系
久违的鼻塞、喷嚏，久违的咽痛、喉涩
让我复习着疾病的定义
和你战斗，正好可以试探我的宝剑
那支锋利的免疫力
难受的感觉，坚定着决心
健康堡垒的长治久安是多么的美丽

好，你去完成你的自然周期，
我，用纸巾、喷嚏和咳嗽来配合你
谈判的成功不在你赢我输
在于你我的合作，对你的对抗
让我的宝剑更加锋利
谈判结果是我要说：谢谢你

21 June，2017

发烧

温吞地热着
红霞在面颊上轻抹灿烂
湖水在瞳孔里泛起涟漪
摇曳的火焰从手心里升起缭绕轻烟
绳索捆绑着纤细的喉咙
黄河泥填满鼻腔
西北风在肺里吹奏怨曲
炊烟从气管里缓缓升起

宁静的风景在人体里合成炎热的夏季
习惯冬天的北方小孩不管阳光如何毒辣
把脊梁和四肢尽情裸露
无法剥开胸膛，否则就把心肝肺都捧出来暴晒

孩子朗笑着飞奔，双脚踩踏地球
双眼迎风，双臂大张
把滚热的世界揽进怀里
心被灼烫了，滋滋作响

日上三竿
眩晕袭来，方恍然大悟
热情的童话正在上演
主角是不会生病的月宫嫦娥
忽然生了病
世上有词曰：南柯一梦

　　感觉身体的滚烫和所有发烧的症状，大脑眩晕。疾病的感觉是独立而自我内敛的，冷寒宫的孤寂，所以把孩子的身影放进诗里退烧。

23 June，2017

有些东西完全属于自己

比如身体的疼痛、心灵的感动
比如爱的对象、恨的记忆
比如记忆库里记得的情节经常地重复
还有怎么都记不清楚的千万个细节
比如对一个人、一本书、一堂课的赞赏
比如政治的左右倾向、宗教的真伪辨别
比如喜爱哪条乡间小径、爱听什么音乐
比如爱吃甜、还是爱吃咸

有些东西完全属于自己
没必要、没需要
去让别人知道、判断和评价真伪
让白云只在天上飘
海水只在海中流
泥土坦然拥抱根须

有些东西完全属于自己
就别去宣布
嘘，留给自己

23 June，2017

250

时间里的流浪汉

没有非做不可的事
没有一定要回的家
没有一定要赚的钱

不介意别人的目光
不在乎社会的评价
无所谓对与错

没有应该不应该
只有愿意不愿意
无为而无不为
喘着气，能吃能喝能动
活着

流浪汉拖着懒散的脚步
从早晨走到中午，再走到晚上
入夜了，他去梦里
继续散步

渴望变成这样的一种状态，但任重道远，怎么可能？

29 June，2017

现在正好

一顿预定的午餐
一盒天然的舒缓精油
两次 Spa 漂浮享受
女儿们精心制作的晚餐
一场 MET 剧院的 The Merry Widow 歌剧票
纽约，二十五年之后的二次蜜月歌剧之旅
多伦多寄来的饭店餐卡
门铃响处，一盒彩带装饰的超大巧克力
一份 Tanger Outlet 的大额购物券

不寻常的祝福标志着一个不寻常的日子
不寻常的礼物证明了此日的非同小可
过半，假如上帝赐我百年阳寿
知天命，假如孔夫子是审判官
没有提前，没有滞后
一切，正好

正好懂得一个人需要独立的自由意志
正好明白生命的主权在自己手中
承认月有阴晴圆缺，认可花开花落
青春的裙摆逝去得沉着优雅
老去的脚步来临的坦然自在
一颗明明白白水晶心
面对一片纷纷杂杂乱世界

昨天归昨天，明天归明天
重之又重，现在，正好

　　似乎很多可以叙说，又似乎什么都不必说。明明白白地生活着，精神与身体都已懂得张弛有度，何取何舍，回想往昔，几年来眼睛和心灵都十分明亮，进入人生最佳状态。

30 June，2017

当我开始远视

书本模糊了
面孔离的太近或者太远，模糊
世界疾驰，倏忽之间
风一样过去
眼前是一个模糊的背影

一付重新调焦的花镜
能矫正文字与面孔
能矫正眼前这模糊的世界吗？
当世界公民的大军里，每个士兵都在冲锋
你想驻足看清战场形势，却
哗地被冲倒，眼镜跌碎了
模糊的更加模糊
书本，面孔，世界

如果能在心灵之眼上
戴一付永久的隐形眼镜，随时调焦
不怕风高路远，不怕跌倒摔碎
世界从此清楚明白，远视就随它去吧
书本，不看也罢
面孔原本就不必看清
人类原本就是模糊的统一

千百年轮回
拥有隐形眼镜儿的玻璃心脏
老去却清晰的声音持续响着
咚哒，咚哒

　　肉体的视力在下降时，心灵的视力也不清不楚了，世界变化太快，想跟上它，总是不能，被淘汰和被淹没的感觉。能拥有一付心灵的隐形眼镜吗？有了它，肉体的远视也就无所谓了。
1 July，2017

沉默

你是一棵沉默的大树
默默地向下扎根
用越来越庞大的树荫
为需要之人遮凉
树，不说话

你是一只温柔的大象
温文尔雅地缓步行走
用你庞大的沉稳和耐心
给人信任、踏实和平静
大象，不说话

你是一个负责的司机
根据你自制的 GPS
率领着你的队伍
走南闯北
你开车，不说话

你是家长
家庭在你的带领下
日新月异、欣欣向荣
默默地，你不说话

3 July，2017

庭前（组诗）

听风

所有的树叶都加入了合唱团，是的
枫叶、松叶、柏树叶，还有叫不来名字的树叶
前仆后继地拥挤着
发出刷拉拉整齐的歌声
风的指挥棒下
它们一律面向南方呐喊
"英雄"交响乐的雄壮英武响起来了
听到金戈铁马了吗？听到四面楚歌了吗？
裹紧披巾，我在你们面前畏惧地收缩起自己
指挥棒是因我而生怜悯吗？
激烈的划动倏地转向收敛
树叶们立刻低头敛首
柔和的行云流水响起来
是女孩儿们集体哼鸣着"月光"小夜曲吗？
还是碎步的企鹅们踏雪的晨音？

听着，我沉浸在
你们变化万端的嗓音之中
一千个莫扎特与巴赫在合作
一万个贝多芬与门德尔松在共事
这是一对最幸运的耳朵
在最美丽的早晨
被风俘虏

　　自然的交响乐团，风是指挥，树叶们在合唱。近距离听着这个
音乐会，还有什么人类的音乐比它更美？还有什么音乐家能创造比
这更美的曲谱？

3 July，2017

255

睡花

在阳光下袒胸露乳
圣洁的美丽，用五颜六色
遮住邪恶的眼睛
只要盛开，就把贞洁一并送出，一点不剩
美艳的身体、暗香、蕊粉、蜂的舌吻过的甜芯

所有的眼睛都干净了
无畏的裸露，可以是强力眼药水
杀死一切眼球上沾染的细菌
丑恶，影子一样，在正午时分消失

放肆之后，夜，送来温床
你们缓缓地合拢衣襟
把阳光关进胸膛
眼睛无所事事，进屋，开灯、关灯、上床
和你们的纯洁分道扬镳
啪、啪、啪

黑暗，是隐藏美丽的百宝箱
正如它，也是隐藏丑陋的潘多拉盒子

你们，悄无声息
睡在黑暗织就的席梦思垫上
等待黎明

4 July，2017

连绵雨

十八天，渥太华用雨丝装扮成了温哥华
这件剪不断的丝质外衣
微风中轻歌曼舞
亲吻每片树叶与草叶
泥土湿得深厚，菜苗狂欢
花朵犹豫着，是开还是不开？

窗里的身影伫立了很久
顺窗而下的水痕在她脸上流淌
早在深夜时分
她就被窗玻璃上的音乐会弄醒了
不需邀请，你们就擅自走进了一颗心脏

十八天，长得可以从西洋旅行到东面的家乡
却又短得好像一瞬即逝的幻象
细密的丝线
持续缝补那件干涸龟裂的大襟衣裳
游龙在水面轻轻甩尾
衣裳抖出皱纹
斜挂在窗前人的肩上

　　持续下雨，18 天的记录。多雨的日子令人多思多愁，衣食无忧的日子里，愁什么呢？有个永恒的主题拿来思想吧，家乡很远，路很长。

5 July，2017

诗语

紫罗兰、绣球、月季、喇叭藤、海棠、玫瑰
阳台、栏杆、盆景、女人、茶水、电脑
树、影子、太阳、风、蓝天、白云、草坪

诗，一个庞大的容器
除了装得下这样多的事物
还装得下很多"非事物"，比如

欢喜、惆怅、幽怨、彷徨、悔恨、期待
祈祷、咒骂、不安、醒悟、恐惧、勇气
渴望、失望、绝望、希望

庭前的流水线上只有一个搬运工
拿起来，放进去
诗，在她勤恳的劳作中
越来越满，一首满了
再装下一首

如果能够穿越时空，她希望
隐居庭前，与花香、绿草、农园一起
从朝阳升起，到夕阳西下
陪伴你，艾米莉狄更斯

　　有此庭前作诗的福分，再无他求。隐居于世，游荡于文字，是怎样一种难求的理想。艾米莉狄更斯，不仅以诗令人叹息，其默默隐居的人生状态，亦是让然羡慕渴求的啊！

5 July，2017

空白游乐场

一个圆形空地
托起孩子们奔跑的小腿小脚
对足球的追赶，对旱地冰球的打击，对橄榄球的争抢
发生在雨后初晴、夕阳斜照、或者随时随刻
空气流动起来
因了笑声与叫声的冲击波
目光流动起来
因了那些腿脚看不过来的忙乱
思想流动起来
因了今天的注视与昨天的回忆

她俩，曾在冬季攀登那座人造的雪山
曾在刚刚度过了蹒跚学步时
就在空地上歪歪扭扭骑上了三轮自行车
曾用粗壮的彩色粉笔在空地上画画儿
曾跳绳儿，曾出溜滑板
曾第一次尝试旱冰鞋
曾和妈妈打羽毛球
曾在傍晚迎接爸爸的归来

她俩早已不在庭前的空地上玩耍
手机、计算机、脸书、推特、英斯特格拉姆
吉他、钢琴、游泳池、健身房
新世界代替了旧世界
换班的是邻居的小孩儿
空地还是那片空地
游乐场还是游乐场
妈妈还在庭前观望
孩子，却不是我的孩子

时间，送给你们成长
给妈妈送上勉强能拔净的白色发丝
也给妈妈送来用不完的回忆

和没完没了的欣慰和骄傲

我在思想里踢掉鞋子
光着脚丫，跑进了空地
蹦着，跳着，唱着，笑着
鸟和树叶同时喝彩
青春，不是一个不速之客
空地，允许它随时造访

　　女儿们在门前这片空地上长大，收获了多少成长的欢乐啊！每当看到邻居的小孩在这空地上玩儿球，女儿们昨天的欢笑声就和着微笑涌进我的心。孩子大了，不再是孩子。换班的是不同的孩子们，空地依旧，我在老着，心，守着青春。

5 July，2017

坐着

坐着，大脑与天空一样空白
不嗅，花香自香
不望，庭园自美
不感觉，风儿自在地为我梳头
不说话，鸟儿在树梢执着地与我对话
坐着，被你们环抱
惬意，打扮成空气
只要呼吸，就钻进身体
不想，不嗅，不望，不感觉，不言不语
只要坐着，就无法拒绝
你们无所不在的力量

你我之间一直隐藏着秘密
坐着，就守住我与你的契约
坐着，就享受你的赠与
与你的厮守，是我的宿命
我是你怀中静乐的宝贝
你是我的房顶、避难所、桃花源
身体与心脏，疲惫不再
不需行动、不需思想就足够满足欲求

不求，却得到了很多
不想，却垒起了长城似的诗行
坐着，我只需做一件事
感激

5 July，2017

十四年

足够种子从一粒籽长成一棵可观的树
时间在你们的繁衍中按部就班地踱着
花儿挤着开放的热情，好像挤着狂欢的人群
树叶发芽了，绿了，肥了，黄了，落了
目光不懂得疲倦
一朝凝视，又一朝端详

你们陪我走进春夏秋冬
又陪我走出春夏秋冬

十四年
你们既是我的母亲，也是我的孩子，还是我的爱人
我在你们沉睡时静静守候
在你们苏醒时为你们梳装
当你们成熟，我品尝盛宴
当你们凋谢，我细心清理秋荒
有时候天空哭得伤心
我操心没有一把足够大的伞为你们遮挡
有时候太阳淘气地不回家
我用胶皮水管替你们解暑冲凉

十四年
激情，早已进化为亲情
你是我的母亲、孩子、爱人
庭前，水彩画挂在我的心墙之上
同生死、同存亡

　　灌注着我心血的前庭花园，今年开出沸腾的旺盛。所有经过的
人都要大肆夸奖。我常常在前院阳台上留恋，享受我和自然携手的
杰作，这是慷慨的人生给予我最好的奖赏。

5 July，2017

辩论

雨点儿般密集，你们热衷于辩论、漫骂、羞辱
虚拟大舞台给思想们一个个表演的机会
压抑者们宣泄的渠道开通了
蜜浆流出来，油彩流出来
泪河流淌，屎尿也流出来

桥塌了，桥又重建了
因为河流还在
东岸的人总想过西岸走走
西岸的人抱着同样的念头
桥上拥堵，无人让步
桥塌了，桥又重建了
因为河流还在
有东岸，有西岸

端着望远镜，我
目睹一次又一次
桥的坍塌，桥的重建
不在东岸，也不在西岸
一个窥视者从来没有兴趣进入镜头

河流不停止流淌
桥如情绪，简单地存在
有东岸，有西岸

思想交流群中一锅粥似的辩论甚至漫骂是一种常态。静静观望各种思想的撞击，低俗的人身攻击，高超的国骂。局外人，我永远是一个局外人。远距离看客。

7 July，2017

隐居

这里，我是主人
呼风风来，唤雨雨至
思想之风雨，前仆后继
后院前庭，瓜前李下
心中有景，四季轮回，春颂秋歌

一个人的漫游
闲云野鹤
一个人的独处
孤木成舟
一个人的宴席
醉卧、高吟、弹唱笑骂
大疆无界
思想和身体，脱的精光
自由女神身体的起伏和手中的火炬
长久伫立在
这里

这是一种孤独的快乐，静谧的幸福，个人的享受。无需认同，
无需评价，便十全十美。

7 July，2017

264

孤羊

离离原上草，茫茫白云天
孤羊的身影，刁然独立
她从何处来，向何处去
旷野寂静，没有回答
风吹，她与风嬉戏
雨打，她与雨调情
孤独是她的伴侣
她于是不再孤独

天晴了，低头食草，抬头望天
她的毛发洁白如珠峰之巅
双眼洁净，静水深流
快乐时她狂欢地在草原奔跑
疲累时她静谧地俯卧小憩
闲庭漫步时她高贵优雅
顶风冒雨时她勇敢坚定

这是一只温柔但倔强的羊

面对无人的广阔
她拥有整个近景与远方
艳阳与星夜

因为什么都不拥有
她反倒拥有了一切

14 July，2017

走进密林

半月，没有走进诗的森林
远看，仅仅是一片遥远而高大的翠绿
街上的车水马龙夺走了注意力

我想给自己拴一个项圈
像拴一条家养的宠物
喧嚣的城市不是你的世界
太多垃圾箱在高楼大厦的角落散发臭气

我邀请风来拉着我的项圈
领着我走进一行一行诗句
直立的密林

我和野狼对嚎
又在野花丛中小憩
项圈很松
在风这主人手里游戏

　　城市喻喧嚣的网络，垃圾喻网络的鱼龙混杂、无用甚至无
聊的信息，风喻我的自由或者自由的我，密林喻诗歌。最近未
按计划写诗，深陷网络嘈杂，愧。

30 July，2017

www.ingramcontent.com/pod-product-compliance
Lightning Source LLC
Chambersburg PA
CBHW020151090426
42734CB00008B/783